★ 适合8至9岁 ★

多彩童年

DUOCAI TONGNIAN

主编 崔 峦

编 委 会

主　　编 崔　峦

编　　委

刘　珂　马学军　刘冰冰　宋道晔　江锡琴

王在英　安　永　万　静　李凤君　孙传文

王传贤　黄学慧

编写人员

安　永　毕芳芳　陈彦杰　林玉洁　曹　婧

英晓方　刘冰冰　刘　欣　张胜强

名家寄语

广泛阅读，可以提高阅读理解力；

广泛阅读，可以丰富知识，开阔视野；

广泛阅读，可以提升思维力、鉴赏力；

广泛阅读，可以促进人的精神成长。

新编的读本，包括古诗文经典诵读、优秀作品专题阅读和整本书阅读，是落实课内外阅读一体化的优质资源。

捧起这套读本读起来，你会越来越享受阅读，你的一生一定会因为阅读而精彩！

崔峦

用阅读滋养你的心灵，
让你变得聪明善良，胸怀
宽广，更富想象力和创造力。

沈石溪

发现美，学会爱，表达自己，
在阅读和写作中不断进步！

王一梅

阅讀是開啟美
好人生的鑰匙

趙麗宏
庚子九月

为自己读书
为美好读书

肖复兴
庚子岁末

读经典的书
做优秀的人

[illegible]

幻想，从现实起飞

刘兴诗

目录

经典诵读

专题阅读一

范文阅读

组文阅读

自由阅读

专题阅读二

范文阅读

组文阅读

自由阅读

整本书阅读

经典诵读

童年是一首诗，是一幅画，是一场多彩的梦。童年的我们就像是一群快乐的小鸟，放飞自由的心灵，放飞美好的憧憬。

诵读下面一组关于童年的诗，在诵读中体会诗人的情感，感受童年的美好。再读一读《幼学琼林》中关于交友和《增广贤文》中有关勤奋的句子，让我们在精简凝练的语言中品味中华优秀传统文化的博大精深、源远流长。

扫码收听朗诵音频

1 与小女

［唐］韦庄

见人初解①语呕哑②，

不肯归眠恋小车。

一夜娇啼缘底事，

为嫌衣少缕金华③。

注释

① 初解：指开始能听懂大人讲话的意思。
② 呕哑：小孩子学说话的声音。
③ 缕金华：用金线绣的花儿。华，同“花”。

译文

看到人就咿咿呀呀地学着说话了，因为爱玩小车就不肯睡觉。娇娇滴滴地啼哭了一晚上是因为什么事呢？是嫌衣服上少绣了金线花。

扫码收听朗诵音频

2 牧童

［唐］吕岩

草铺[1]横野[2]六七里，

笛弄晚风三四声。

归来饱饭黄昏后，

不脱蓑衣卧月明。

注释

① 铺：铺开。

② 横野：辽阔的原野。

译文

绿草如茵，广阔的原野一望无垠，笛声逗弄晚风，悠扬悦耳，时断时续地从远处传来。牧童回来吃饱了饭，已是黄昏之后，他连蓑衣也不脱，就躺在月下的草地里休息了。

扫码收听朗诵音频

③ 牧　童

［唐］栖蟾

牛得自由骑，春风细雨飞。
青山青草里，一笛一蓑衣。
日出唱歌去，月明抚掌[①]归。
何人得似尔，无是亦无非。

注释

① 抚掌：拍手。多表示高兴、得意。

译文

牧童自由自在地骑在牛背上，在春风细雨滋润的气候中，在青山绿草的广阔大地上，吹着短笛，披着蓑衣，悠闲自在。早晨牧童迎着日出唱着歌儿外出放牧，傍晚踏着月光拍着手归来。还有什么人能比得上牧童啊，心无牵绊，欢乐舒畅。

4 巴女谣

[唐] 于鹄

巴女骑牛唱竹枝[1]，
藕丝菱叶傍[2]江时。
不愁日暮还家错，
记得芭蕉出槿篱。

注释

① 竹枝：竹枝词，指巴渝（今重庆）一带的民歌。
② 傍：靠近，邻近。

一个巴地小女孩骑着牛，唱着竹枝词，沿着处处盛开着荷花、铺展着菱叶的江岸，慢悠悠地回家。不怕天晚了找不到家门，因为知道家门前有一棵芭蕉高高地挺出了木槿篱笆。

扫码收听朗诵音频

⑤ 幼学琼林（节选）

［明］程登吉

肝胆相照①，斯为腹心②之友；意气不孚③，谓之口头之交④。

彼此不合，谓之参商⑤；尔我相仇，如同冰炭⑥。

注释

① 肝胆相照：比喻朋友之间以诚相待。肝胆则比喻真诚的心。
② 腹心：推心置腹的朋友。
③ 意气不孚：志趣不相同。
④ 口头之交：表面相交，实际上很没诚意。
⑤ 参商：参、商两颗星，一个在西面，一个在东面，此出彼没，永远不相见。后来用其比喻亲人不能会面，也比喻感情不和睦。
⑥ 冰炭：冰和炭是不能相容的事物，用其比喻二者不能相容。

译文

以诚相待，这才是推心置腹的朋友；志趣不同，只可算作口头上的交情。

彼此之间不和，称之为“参商”；你我相互仇视，就像不能兼容的冰炭。

6 增广贤文（节选）

莫道[1]君行早，更有早行人。

黑发[2]不知勤学早，看看又是白头翁。

注释

① 莫道：别说。
② 黑发：年轻时。

别说你出发得早，还有比你更早的人。
年轻时不知道勤学苦读，弹指间就变成了白发老翁。

美妙的想象

想象是灵感的源泉，是少年的捕梦网，是种子的缤纷梦想；想象是思维的翅膀，是“大树城堡”里的和睦生活，是落叶之歌的低声吟唱；想象是神奇的魔法棒，点缀着七彩童年，温暖着纯真岁月……

让我们走进想象的世界，边读边想：文中哪些地方的描写最有意思？哪些奇妙的想象给你留下的印象最深？也可以把自己想象的故事写下来，让别人也能感受想象的神奇，体验想象的乐趣。

范文阅读

① 外星人的垃圾分类

武玉桂

天上有数不清的星星，有的星星上也住着人。一天，一只宇宙飞船落到了城市的广场上。从飞船里走出一个长着蓝胡子的老爷爷，他敲着一面大锣：“当！当！地球上的人注意啦！当当……”

宇宙飞船的突然来临，会让这个城市发生什么呢？快在文中寻找一下答案吧。

人们都跑来看热闹，有的还说：“是不是外星人要给我们开会？”

最先跑到飞船跟前的是幼儿园的小朋友。这天，他们正巧在广场上做游戏呢。

男孩子佳佳问：“老爷爷，您是从哪儿来的呀？”

女孩子果果问：“老爷爷，您到地球上干吗来啦？”

蓝胡子老爷爷笑了。他告诉小朋友们，

从那么远的星球来，是为了收破烂儿！这真是奇特的想象！

他是从很远很远的一个星球上来的，他到地球上来收废品。收废品？不就是收破烂儿吗！这么老远来收破烂儿，真好玩儿！

佳佳说：“我们家有啤酒瓶！”强强说：“我家有牙膏皮！”果果说：“我家有旧报纸。”

蓝胡子老爷爷说：“小朋友呀，地球上不是有废品收购站吗，你们说的这些东西交给他们吧，我可不收。”

“那您收什么呀？”

外星人“专收地球上没人要的东西”，让我们来想象一下，那都是些什么样的东西。

“我？我专收地球上没人要的东西。”

什么东西没人要呢？这可把小朋友们给难住了。

汪汪汪！一只小狗跑过来，冲着飞船直叫。佳佳说：“老爷爷，这小狗没人要，你把它收走吧！”

“不行！它是我家的。”果果赶紧搂住小狗，搂得紧紧的，生怕谁抢走。

蓝胡子老爷爷笑了，说：“还有人喜

欢的东西，就不能算废品。你们再想别的吧。”

小朋友们都挠着头皮想，佳佳挠着胳膊想。他干吗要挠胳膊？原来呀，他的胳膊上被蚊子叮了三个包儿。这时候，蓝胡子老爷爷问佳佳：“你那三个包儿还要不要？不要，我就收购啦。”

别说收购，白给也行。佳佳把胳膊一伸，老爷爷用根小棍一拨，三个包儿就掉在了他的手心里，佳佳一丁点儿也没觉得疼。老爷爷把三个包儿装进小盒子，说：“我们星球上的钱，你们不能花。送你点小礼物吧！”他给了佳佳三颗外星巧克力豆。

用小棍一拨，三个包儿就消失了。作者的想象真神奇。

噢，这回小朋友们明白是怎么回事啦。强强说：“老爷爷，刚才我摔了一跤，脑门上撞了个大包儿，你要不要？”

咯咯咯……小朋友们都笑了。

“要！要！”蓝胡子老爷爷又用小棍一拨，强强头上的包儿就掉下来啦。老爷爷送给他一颗外星核桃。

外星巧克力豆、外星核桃肯定好吃！小朋友们赶紧从自己身上找。找什么呢？找包儿。蚊子叮的、臭虫咬的、跌倒摔的……什么包儿都行。

女孩子蓓蓓哭了，她说："我……我一个包儿也……也没有……"

蓓蓓有口吃病，越着急越结巴。蓝胡子老爷爷一听她说话，马上跳起来："这结巴病我也收购！"

老爷爷用小棍在蓓蓓的嘴巴上一拨，对她说："讲话吧。"

外星人竟然能收走小朋友身上的疾患，这真是让人想不到的情节！

"老爷爷您好我叫蓓蓓我从三岁就开始结巴我妈妈抱我去看病我爸爸……"嗬！蓓蓓像打机关枪，一下子说了一长串话。小朋友也都为她高兴，哗哗哗鼓起掌来。

老爷爷收走了蓓蓓的结巴病，送给她一件外星人的花裙子。裙子上的花有香味儿，裙子上的蝴蝶会扇翅膀……蓓蓓穿上裙子真漂亮！

“当！当！”蓝胡子老爷爷又敲了几下锣，“地球上的人注意啦，谁还有废品，快快拿来！”

这时候，一个名叫尖猴儿的小伙子挤到了前面，他问老爷爷：“你刚才说，专收地球上没人要的东西，是吗？”

尖猴儿转身从人群里领出一个瞎了双眼的老奶奶。他说：“你把她收走吧，地球上没人要她啦！”

老爷爷问：“她是谁呀？”

尖猴儿说：“以前，我小的时候，她是我的妈妈，现在我长大啦……”

省略号略去的内容是什么呢？大胆猜测一下吧！

“噢，我明白了。”蓝胡子老爷爷点点头，说，“好，我把她收上。”说完，老爷爷还特意写了一张收据。

小朋友们叽里呱啦地嚷起来：“不行！不行！别相信尖猴儿的话！我们不让老奶奶走！”

蓝胡子老爷爷说：“这可不好办，我

已经写了收据，不能再退货！”

佳佳说：“那就让尖猴儿去吧！”

“对，让尖猴儿去吧！”小朋友们一起说。

尖猴儿吓坏了：“不行，不行！地球上还有人要我呢！”

尖猴儿原本想让外星人收走自己的妈妈，最后自己却要被收走。这样的故事情节有转折，读起来更有趣。

“谁要尖猴儿，请举手！”蓝胡子老爷爷看看大家。

没有一个人举手。尖猴儿哭了，对瞎眼老奶奶说：“妈妈，你快举手呀！”

老奶奶摇摇头，一句话也没说。“瞧，你就是地球上没人要的东西，走吧。”蓝胡子老爷爷把尖猴儿关在一个铁笼子里，装上了飞船。

蓝胡子老爷爷对老奶奶说：“我收购了尖猴儿，也得送你点礼物。”他用小棍在老奶奶的两个眼皮上一拨拉，老奶奶就看得见东西了。

飞船装满了地球上的破烂儿。蓝胡子老爷爷说了声“再见”，嘭！飞船就飞到天上去啦！

② 捕梦的少年

陆利芳

安理达是从一个破碎的梦境里醒过来的。在梦里，他被人追赶，满头大汗，正当穷途末路时，他掉下悬崖，梦就醒了。

“真吓人！”安理达想。他再也睡不着了，穿上外衣，准备去院子里走一走。然而，令安理达意外的是，院子里站着一个人。

那是一位少年，身穿黑色的连帽衫，手里拿着一个大大的网兜（dōu）。网兜是纯白色的，闪着荧荧的光，像染了一层月牙粉。安理达就是先看见这张漂亮的网，然后顺着它的柄看到了那个表情沮（jǔ）丧的少年。

“嗨，你在干什么？”安理达问。

“工作呀。”那个少年回答，“可是，

你也瞧见了，我做得有多糟糕。我连一个完整的梦都捕不到。”

安理达摇摇头，他想不明白，怎么会有人半夜三更不睡觉，拿着一个网兜在工作？

“你好。”那个少年走过来，伸出一只手，安理达轻轻一握，非常惊讶。少年的手冰冰凉凉的，毫无温度。“可能是被夜风吹凉的吧！”安理达想。他听到少年说：“我叫于西。”

“哦，我叫安理达。”安理达说，“可以告诉我吗，你从哪里来？为什么会站在我家的院子里？还有，你的网兜是用来干什么的？”

“是捕梦用的。”于西告诉安理达，捕梦是他的工作。在梦的国度，像他这样年满十三岁的少年就可以加入造梦协会，参与造梦或者捕梦行动。他们的体质很特殊，能够在空间里自由穿梭，能随时随地出现在不同的地方。所以现在，

我一边读一边想象作者描述的画面，感觉太神奇了！

他站在安理达家的院子里是再正常不过的一件事了。

于西还说，捕梦师有很多很多，他们大多是十几岁的少年。造梦师也有很多很多，等积累了一些经验之后，捕梦师就可以申请成为造梦师。

什么捕梦师呀，造梦师呀，安理达听得糊里糊涂。不过，他确信于西不是他的邻居，像于西这般大的孩子他几乎都认识，他从来没有见过于西。难道……于西真的来自梦的国度吗？安理达想。很快，他又否定了自己的想法，这怎么可能呢？又不是天方夜谭。

但是，少年明确地表示，他没有说谎。

“那么，梦的国度是什么样子的？”安理达问他。

“跟这里差不多，有山，有水，有海洋，也有陆地。”于西回答，“在梦的国度里，有常开不败的花，有各种各样的云，还有会说话的动物。”

每个人都有自己的梦，你的梦里一定也出现过许多意想不到的事情。快来和小伙伴交流一下吧！

"听起来像童话世界。"安理达说。

"可以给我一个梦吗？"于西睁着明亮的大眼睛说道，"我需要一个完整的美妙的梦。不是半途而废的残梦，也不是充满恐惧的噩(è)梦，而是一个香甜的、美好的梦。"

"不是……不是……而是……"这个句式的运用，使作者对梦的表达清晰而连贯。

"很抱歉。"安理达说，"我现在没有了睡意，是不可能做梦的。"

"那怎么办呢？"于西说，"如果今晚再捕不到一个完整的美梦，我也许会被赶出造梦协会的。"

"你可以去捕别人的梦啊。"安理达建议道，"我的邻居，我邻居的邻居，这个城市里的其他人，总有正在做梦的。"

"可是，我做不到。"于西哭丧着脸，苦恼地摇摇头。

"为什么呢？"安理达不明白。

"我说不清楚，你自己看就明白了。"于西说。

安理达跟着于西走到自己父母的房门前，一丝一缕的梦从房门的四周溢(yì)出来，在空气中凝成一团。

母亲正在做一个捡鸡蛋的梦。在她的梦中，大的鸡蛋像小皮球那么大，小的鸡蛋像鹌鹑(ān chún)蛋那么小，而且它们五彩斑斓(lán)，十分诱人。母亲一边捡着鸡蛋，一边笑得眉眼弯弯，她说："达达最喜欢吃鸡蛋了，这几个大鸡蛋留给他吃。"

安理达鼻子一酸，眼泪差点儿掉了下来。母亲平时爱唠叨(láo dāo)，却对他照顾得无微不至。瞧，就连在梦里，母亲都希望给安理达最好的。

"很感人对吗？"于西举着捕梦的网兜，迟迟不忍下手，"这样美妙的梦境，我怎么舍得去捕捉呢？"

父亲正在做一个关于晨练的梦。山间空气清新，鸟儿欢唱，父亲在薄雾中晨跑。忽然，不知道从哪里飞来一只大黑雕(diāo)，它俯冲而下，冲着父亲而来，越

读到这里，我仿佛看到了文中"父亲"梦中的景象。一边读，一边想象"父亲"的梦境吧！

来越近，越来越凶险。就在这时，于西拿网兜一捞，逮(dǎi)住了那只大黑雕。黑雕在泛着荧光的网兜里挣扎了两下，立即就化作烟雾消失了。

房间里传来父亲的声音，他的梦醒了，母亲的梦也醒了。安理达听见父亲说："刚才做了一个可怕的梦，吓死人了。"

母亲却笑了，说："我也做了一个梦，梦见到处都是鸡蛋，怎么也捡不完。"

在客厅里坐下，安理达说："我大概知道你为什么完不成任务了。"

于西看着他，等待答案。

"你很善良。"安理达说，"你不愿意破坏别人的美梦，却愿意帮助他们摆脱噩梦的困扰。"

"但是，我捕不到美梦会被辞退的。"于西把头埋在两腿间，难过地说，"我可能不太适合当捕梦师。"

看到于西这样，安理达也很难过。

于西因为捕不到美梦而难过。他捕不到的美梦会是些什么梦？把你想到的和小伙伴们交流一下。

他想了想，问于西：“可以把不同的梦境融合在一起，重新进行组合吗？”

于西抬起头，看着他，说：“没试过，但也许可以。”

“那么，试试看好了。”安理达说。

安理达陪着于西去捕捉了很多很多噩梦，有男人的梦、女人的梦、孩子的梦以及猪、牛、羊的梦。这些梦各式各样，天马行空。然而它们都有美好的一部分，尽管只是一小部分，但将这些美好的部分从噩梦里抽离出来，再重新组合之后，就凝成了一个美梦。

“怎么样，这个梦可以让你交差(chāi)了吗？”安理达问。

“一定可以的。”于西拍拍绑在腰间的储存瓶，瓶里装着刚刚组合完的那个美梦，他说，“这是个一举三得的好办法，既不用抢走别人的美梦，又可以捕捉噩梦，还可以让我完成任务，棒极了！”

把梦装进储存瓶，这真是有趣的想法！如果我有这样的储存瓶，我要装进的是这样的梦……

安理达微笑地点点头。

“谢谢你，我的朋友。”于西挥挥手说，“我会守护你的美梦的，再见！”

“再见！”安理达说。

日积月累

满头大汗	穷途末路	半夜三更	随时随地
糊里糊涂	天方夜谭	各种各样	半途而废
一丝一缕	五彩斑斓	无微不至	天马行空

③ 大树城堡

金　波

阿木偷偷地砍伐了一棵小树，因为它太小，只能做一个小板凳儿。

难道就是这棵小树变成了大树城堡？如果真是这样，那可太神奇了！

他很得意，因为小板凳儿做得结实又美观，尤其是那四条板凳腿儿，雕着花纹，粗粗壮壮、矮矮墩墩的，千斤也压不塌。

小板凳儿刚做好，怪事就发生了。板凳腿儿刚一着地，就扎下了根，四条腿儿上拱出了绿芽，绿芽很快又变成了叶子。

板凳面儿也不那么光滑了，也长出了一层绿叶。阿木用刀子又刮又削，可是刚削掉，又长出来了。

不但长出了枝叶，四条板凳腿儿也越长越高。

阿木一屁股坐了上去，他想压着板凳不让它往高里长，可是，板凳举着阿木一直往上长，长啊长啊，眼看着就顶到房顶了。

阿木赶紧从板凳上跳下来。就在这时候，“轰隆”一声，小板凳儿顶塌了房顶，它长啊长啊，一直往天上长。

“轰隆”一词将小板凳儿顶塌房顶的声音生动地表达了出来。文中还有几个这样的词语，试着找一找吧。

现在小板凳儿变成了一栋大房子。大房子四周长满了绿色的枝叶，远远看去，就像一间绿色的小木屋。

阿木很高兴，一个小板凳儿竟变成了一座小木屋，住进去多神气，多高兴。

阿木大步走向小木屋。他刚走近门口，突然发现那里早有把门的了。仔细一看，原来是两只小刺猬在把门。

阿木可没把刺猬放到眼里，他继续往里走。这时候，只听传来一阵阵“嘎嘎”的声音。

小木屋继续长，现在已经变成一座大房子了。

更奇怪的是，小刺猬也跟着长，长得像狗那样大了。

“不许进！”刺猬把满身的刺都竖起来了，像一杆杆尖尖的枪。

阿木吓得逃离了大房子。

阿木远远地张望着大房子，只见它继续在长，长啊长啊，长成一座雄伟的绿色城堡了。

神奇的小板凳儿长出绿叶，长成绿色的小木屋，长成一座绿色的城堡。我感受到了它的神奇！

阿木惊呆了。他不敢走近它，只能远远地看着它。

他看见山羊走来了。

他看见黑熊走来了。

他看见一群小猴子走来了。

它们见了面，互相祝贺着：

“这回可好了，我们有一个家了。”

又过了一会儿，老虎来了，狮子来了。

先来的动物们有些害怕。

老虎说：“别害怕，我不会吃你们。”

狮子也说：“对，对，住在城堡里，就是一家人！”

刚说完，一头大象也来了。它走路“咚咚”“咚咚”，震得大地直响。大耳朵还一扇一扇的，像两把大扇子。

动物们一见它，都叫它大象大哥。

后来又飞来了一群群五颜六色的小鸟，停在绿色城堡开满花朵的屋顶上。

阿木看见动物们高高兴兴地住进去了，大家和和睦睦地生活在一起，他很羡慕它们。

“和和睦睦”是指友好相处，不争吵。我仿佛看到了动物们和和睦睦地生活在一起的情景。

他真想去看望它们，但他又担心它们对他不友好。

一天天过去了，他天天听见从大树城堡里传来鸟儿的歌声，还有各种动物的笑声和说话声。渐渐地，阿木相信它们不会伤害他了。

这天早晨，他鼓起勇气向城堡走去。

阿木见了大象，说：“我请求在大树城堡当一名警卫，行吗？”

大象问大家：“你们看，能收留阿木吗？”

动物们经过一番讨论，最后通过表决，一致同意阿木的请求。

就在这时候，从城堡里传来大嗓门的说话声：“我不同意！”

这是谁在说话呀？

“是我。我是大树城堡。我有话说。”大家静静地听着，“你们问问阿木：这大树城堡怎么来的？”

大家都看着阿木，等着他回答。

“我砍了一棵小树。我真不该砍呀！所以我才来给大树城堡当警卫呀！”

最后，大家原谅了他，还让他每年在城堡周围种一百棵树。

现在，如果你有机会去大树城堡旅游，你一定会先见到阿木。只是他变得越来越矮小，就像一个小木偶，站在高大的城堡门前。

我能想象出，越来越矮小的阿木站在高大的城堡门前会做些什么。

④ 爱梦想的树

吕丽娜

有一颗爱梦想的小种子，他长呀，长呀，长成了一棵爱梦想的树。

春天的时候，爱梦想的树冒出一树小小的、圆形的叶子。每一片叶子里都藏着一个小小的梦想。

一只长颈鹿从树下经过，懒洋洋地咬下一片叶子。

长颈鹿嚼着叶子走开的时候一点儿也不知道，他带走了一个蓝色的梦想。

这只长颈鹿回到家里，他的太太发现他有点儿不对劲。

梦想让长颈鹿发生了神奇的变化，由之前的“懒洋洋”到眼睛“闪闪发亮”，他要追寻不同以往的生活梦想。

“你怎么了？”长颈鹿太太问。

“亲爱的，你觉得，”长颈鹿的眼睛闪闪发亮，“我们可不可以做一点儿比嚼嚼叶子、到处溜达更有意思的事，比如，去航海，周游世界？”

长颈鹿太太看上去吓得不轻。其实，就连长颈鹿自己也被脱口而出的话吓了一跳。要知道，长颈鹿和太太一直都过着规规矩矩、和别的长颈鹿一样的生活呀！

“我大概病了，脑袋热热的，胸口也热热的。我先去睡了。”长颈鹿说。

可第二天一早，长颈鹿就离开了家，给太太留了张简单的字条：“我走了。我会在冬天到来之前回来。”

夏天，爱梦想的树开出一树小小的淡紫色花朵。每一朵小花里都藏着一个小小的梦想。

有朵小花被风吹落到草地上。一只正在吃草的小羊好奇地把他吃到肚子里。小羊一点儿也不知道，他带走了一个淡紫色的梦想。

大胆地猜一猜，小羊的淡紫色的梦想会是什么呢？

从这一天起，当别的小羊都慢吞吞地啃着青草的时候，这只小羊却用他硬硬的小蹄子着迷地敲打着地面。他敲啊敲，敲出各种各样的节奏。

一天一天地，他的敲打声变得越来越美妙。有一次，一个大胡子音乐家听了小羊的敲打声，高兴地对他说："加油，你也会成为一个音乐家的，也许我可以在哪个乐团帮你找一个小鼓手的位置呢。"

"那正是我的梦想呀。"小羊抬起头，快乐地回答……

有没有发现，在前面的段落中有和画线部分结构相同的句子？

秋天，爱梦想的树结出一树小小的金色果子。每一颗果子里都藏着一个小小的梦想。

有一只小松鼠摘下一颗果子，小心地尝了尝。

"味道很不错呀。"小松鼠说着，把整颗果子都吃了下去。他一点儿也不知道，他带走了一个金色的梦想。

刚吃完果子，这只小松鼠的心里就冒出了一个很了不起的想法。他连蹦带跳地跑去找森林里最老最有智慧的松鼠老爷爷。

"松鼠老爷爷，一只小松鼠怎么样才

可以飞起来？”

“这个嘛，”松鼠老爷爷想了一会儿，“你知道，我们松鼠很擅长跳跃，其实呢，如果你跳得足够高，那就和飞的感觉有点儿像了。我记得有一个古老的传说：如果一只小松鼠跳得足够高，高到能摸到星星，那么他就会长出一双漂亮的翅膀来……哎！小松鼠，那只是个传说呀！”

可是小松鼠已经走远了，他迫不及待地想要练习跳跃，他相信，总有一天，他一定可以够到星星。

…………

想象一下，省略号省略了什么？把想到的和小伙伴交流一下！

有一天，两只小鸟落在爱梦想的树上，叽叽喳喳地聊起了各种新鲜事，什么周游世界的长颈鹿啦，当上鼓手的小羊啦，长出翅膀的小松鼠啦，还有好多好多……

爱梦想的树静静地听着。

“这个世界，越来越像我梦想中的样子呢。”他快乐地想。

组文阅读

在想象的世界里，什么事都有可能发生，大胆想象创造出了现实中不存在的景象，读这样的文章真有意思。如果你写的文章中也能加入这些奇妙的想象，那会更有意思！让我们插上想象的翅膀，和文中的人物一起去遨游吧！

1 写童话的爷爷和看童话的耗子

鲁 兵

有位老爷爷，戴一副大眼镜，整天趴在桌子上写呀，写呀……他写什么哪？童话。瞧，他的书架上塞满了书，那全是他写的童话。

老爷爷家里住着一窝耗子，耗子住在地板下面一个角落里。耗子嘛，嘴尖，尾巴尖，耳朵也尖，这是说它们的耳朵好，隔着厚厚的地板，也能听见老爷爷写字的声音。“咯噔”“咯噔”，准是来了小客人啦，先是小客人说：“老爷爷好！”接下来是老爷爷讲故事，讲的是一个童话。小客人听得真开心，又笑又拍巴掌，还用小脚蹬地板：“咚咚咚咚……”耗子们听起来，就像打雷，还好它们听惯了，也就不害怕了。再接下来是小客人说：“谢谢老爷爷！老爷爷，再见！”这以后，就只有老爷爷写字的声音了。

“刚才老爷爷给小朋友讲的童话真好听！”说话的是一只顶小的耗子。

“你知道什么呀？”一只大一点儿的耗子说，“老爷爷写了许多童话，印在书上，还有图画。咱们自己来看书，那该多好！”

一只再大一点儿的耗子说：“你认得字吗？‘自己来看书’，吹牛！”

是呀，不认得字，怎么看书？忽然，一只顶聪明的耗子跳起来说：“有了，有了！咱们不是偷看过老爷爷写童话吗？他是戴着眼镜写字的。戴上眼镜能写童话，甭(béng)说，戴上眼镜也能看童话。咱们不会等老爷爷睡着了，借他的眼镜使使吗？”

聪明耗子真聪明！大伙一听，乐了。这天它们等到深夜，听见老爷爷打呼噜了，才悄悄地从地板下面跑出来，可巧，老爷爷忘了把眼镜装到盒子里面去，就搁在桌子上。耗子们先把老爷爷的眼镜搬下来，放在地板上，再把一本老厚的童话书抬下来，也放在地板上，一翻翻到第 10 页。

“让我先看。”一只小耗子趴在书上。

“干吗你先看？该我先看。”一只小耗子抓住眼镜不放。两只小耗子吵了起来。

“别吵吵！把老爷爷吵醒了，谁也看不成。还是一个一个轮着看吧。”

真的，一戴上老爷爷的眼镜，就认得字了。那第 10 页上，印着个题目：聪明耗子的故事。

正好那只聪明耗子先看，它大叫起来：“老爷爷写的是我。老爷爷真好，老爷爷真好！”

“别吹了。老爷爷又不认得你，写的能是你吗？”

“就是我，就是我！‘聪明耗子的故事’就是我的故事嘛！”

翻到第 50 页，这回轮到那只比上一只大一点儿的耗子看了：“呀，老爷爷写的也是咱们耗子。”

聪明耗子说：“老爷爷写的还是我吗？”

那只耗子眯着眼睛说：“让你说对了，写的真是你。”

聪明耗子更神气了，它把眼镜抢过来，戴上一看，咦！刚才的神气没有了，像只瘪(biě)了的皮球，说：“老爷爷坏，老爷爷坏！”

原来这篇童话叫作：笨耗子的故事。大伙哄笑起来：“哈哈，聪明耗子太聪明，变成笨耗子啦！”

翻到第 100 页，是耗子嫁女儿的故事。

这回轮到一只顶小的耗子看，它把题目念出来，大伙都觉得很奇怪。

“这是怎么了？咱们这家嫁女儿，那家娶媳妇，老爷爷怎么知道了呢？啊，啊！准是老爷爷趴在地板上，从缝儿里偷看去的。”

这篇童话真逗，小耗子一边看，一边忍不住咯咯咯笑，看到后面——什么？耗子姑娘嫁给了猫哥儿，它急得哇地叫了起来。

别的耗子听它一说，都替耗子姑娘捏了一把汗，一齐说：“小家伙，快看下去，后来怎么样了？”

小耗子看下去，笑起来说：“没事了！猫哥儿说的，它可喜欢它的新娘子啦，怕人家——就是别的猫来欺负它，就把它藏了起来……”

大伙松了口气，说：“这样的好猫倒是从来没见过。小家伙，你再看下去，猫哥儿把耗子姑娘藏在哪儿了？”

“嗯嗯，猫哥儿把耗子姑娘藏在自己的肚子里。”

聪明耗子说：“这就保险啦！谁能跑到猫哥儿的肚

子里去欺负耗子姑娘呀？”

可不是，大伙称赞猫哥儿又好心又机灵。嗯，装在肚子里，装在肚子……呀，那不是把耗子姑娘吃了吗？它们好像真的听见猫哥儿“喵”的一声叫，耗子姑娘“吱吱”叫几声，可怕极了！它们撒腿就跑。小耗子扔了老爷爷的眼镜，也跟着溜到地板下面去了。

第二天，老爷爷起来：“嗯，我的眼镜呢？咦，我的眼镜怎么掉在地板上了？”他还以为是自己不小心弄掉的呢。老爷爷弯下身子，捡起眼镜，戴着它，又写起童话来。

阅读链接

童话，是儿童文学的一种体裁。童话具有奇妙的幻想、曲折的情节、优美的语言、有趣的内容，因此深受儿童乃至成人的喜爱。我们在阅读童话时，可以把自己想象成其中的人物，还可以加上自己的想象、联想，一边欣赏故事，一边领悟其中的道理。

② 大画家和小画家

薛卫民

林枫的爸爸是个画家，林枫也要当个画家。有时候，大画家爸爸和小画家林枫合作，在一张纸上共同作画。

第一幅画

一天，爸爸画了一棵树，一棵不高也不矮的树。爸爸把树画完了，交给了林枫，让他再接着画。林枫见爸爸的树没有绿叶，他就让爸爸画的树长出了绿叶，林枫见爸爸的树没有果子，就让爸爸的树上结出了果子。最后，林枫又画了一棵葡萄藤，爬上了爸爸的树。

爸爸问林枫："这是怎么回事呀？"

林枫告诉爸爸："这是小葡萄藤和大树玩骑脖颈（gěng）儿的游戏呢！就像我骑爸爸的脖颈儿那样。"

爸爸乐了："我的树又长绿叶，又结果子，已经够累的了。要是还驮着小葡萄藤，可就累坏了。"

"没关系，"林枫又拿起画笔，"小葡萄藤骑大树的脖颈儿，骑一会儿就下来的。你看——"林枫说着用笔一勾，就把那葡萄藤蔓儿勾了下来，让它往墙上爬去了。

第二幅画

一天，爸爸画了一堵墙，墙上开了一扇窗，一缕曙光射进窗子。画完了这些，爸爸又把这幅画交给了林枫，看他再画上一些什么好。

林枫看了看，想了想，提笔画起了牵牛花。只见那牵牛花顺着一根竹竿爬过来，爬上了窗台。两朵牵牛花，一朵洁白，一朵紫红，正对着屋内。

爸爸看了看，问：“这又是怎么回事呀？牵牛花又要骑窗台的脖颈儿了？”

林枫连忙摆手：“不对不对！是我的牵牛花爬上窗子，吹起了小喇叭：嘀嘀嗒——起床吧，洗脸啦！嘀嘀嗒——吃饭吧，上学啦！”

第三幅画

这一次，林枫对爸爸说：“爸爸，咱们比赛吧，你画你的，我画我的，好不好？”

爸爸说：“行啊！可画个什么好呢？”林枫说：“就画齐天大圣孙悟空吧。”

爸爸在这个房间里画。林枫在那个房间里画。林枫先画完了，他先来到妈妈的房间里，妈妈是裁判。爸爸一会儿也画完了，也来到妈妈的房间里。爸爸的画在手上扣着，林枫的画在身后背着。妈妈说：“论速度，林枫画得快，爸爸画得慢。下面看谁画得好。我说一、二，你们一起把画亮出来。一——二！”

“唰”的一下，爸爸的画和林枫的画一齐摆在了妈妈面前。爸爸画的孙悟空腾云驾雾，抡着金箍(gū)棒；林枫画的孙悟空火眼金睛，正在斗妖魔。画得都很好。突然爸爸发现了问题：“哎哎，林枫画的孙悟空，怎么没拿金箍棒啊？”妈妈一看，可不是吗？

林枫笑嘻嘻地说：“我的孙悟空连喊三声，变、变、变！把金箍棒变得比火柴棒还小，藏到耳朵里去了，你们看不见！”

③ 我是一个小孩儿

梅子涵

你们看看我是谁？说不出，那好，我告诉你，我是一个小孩儿。

什么叫小孩儿呢？小孩儿就是喜欢玩的。我好喜欢玩哪！

可是妈妈叫我弹钢琴，爸爸还要叫我画画。他们说："钢琴弹了吗？""画过画了吗？"他们说，这样我就会有出息了。

所以你说，我是不是挺不幸的？

可是我有什么办法？我只不过是一个小孩儿。

我向他们抗议："我不当小孩儿了！"

他们问："你不当小孩儿，那么你当什么？"

这还用问，我不当小孩儿，那么当然就当大人啦！

而且，我要当比他们还要大的大人。这样，我就可以叫他们老老实实地弹钢琴和画画了。

"你们给我老老实实地去弹钢琴、画画！"

可是他们却说："我们还没有玩呢！"

"就知道玩，玩，这样会有出息吗？"我当然狠狠地批评他们，而且我对他们说：

"不许哭！"

爸爸妈妈只好老老实实地去弹钢琴、画画了。你看他们，多么不开心哪！

不过我可高兴死了，我现在可以去玩了！

"慢着，你到哪儿去？"正在弹钢琴的爸爸问我。

"去玩呀。"

"我要跟你一块儿去！"

我朝他两眼一瞪："就知道玩，没出息！"

"玩没有出息，那你为什么要去玩？"妈妈理直气壮地问我。

这还用问——"因为我是大人！"

"胡说，你明明是小孩儿！"妈妈说。

"对的，对的，我想起来了，他的确是个小孩儿，我们才是大人！"爸爸也说。

"一点儿规矩也没有，和我讨论起谁是大人谁是小孩儿来了。好好去弹琴、画画，我不是大人，难道你们是大人吗？"

我出去玩喽！两个小孩儿又只得乖乖地弹琴、画画了。我端着枪冲出去。

“不许动！”我站在窗户外，端着枪朝房间里大喝一声。爸爸妈妈真的就一动也不动了，不弹琴，也不画画，待在那儿。

“你们为什么都待着不动？弹琴呀！画画呀！”我又冲进房间问。

他们说：“咦，不是你让我们不许动的吗？”

我只好告诉他们：“我说‘不许动’是做游戏的，假的。”

他们说：“弹琴和画画的时候是不可以做游戏的！”

我说：“没关系，我们玩我们的，反正现在没有大人。”

可是他们说：“咦，你不是大人吗？”

“我怎么是大人，我明明是小孩儿！”我真不知道他们究竟出了什么问题，连小孩儿、大人也搞不清楚。

我们一起在爸爸的电脑上玩游戏。

我让他们穿上新衣服假装结婚。可是他们却说：“我们已经结过婚了，为什么还要结婚？”

你说他们是不是昏了头了？我朝着他们大吼：“你们什么时候结过婚了，这么小的小孩儿，怎么可能结过婚？”他们没有办法，只好假装结婚。

我说：“现在开始足球比赛。”我当裁判，妈妈射门，爸爸守门。

爸爸的水平太差，球没有守住，把玻璃窗踢碎了。

爸爸“哇”地哭起来：“妈妈要骂了！妈妈要骂了！”

妈妈真的骂起来：“玩，玩，玻璃打碎了吧！”

我是裁判，我还没批评她呢！“让你射门，你为什么踢窗户？”

爸爸不再哭了，拉住我问：“你以后还带我玩吗？”

“带你玩的，但是不带她玩！”

妈妈赶紧拉住我：“不要，你也要带我玩。要不，我不跟你好了！”

“好吧，好吧，你们两个都带。”

他们高兴得跳起来。

你看看他们跳得有多高！

这些大人，只要有的玩，就跳得比灯还要高！

4 逃家小兔

［美国］玛格丽特·怀兹·布朗

从前有一只小兔子，他很想要离家出走。

有一天，他对妈妈说：“我要跑走啦！”

“如果你跑走了，”妈妈说，“我就去追你，因为你是我的小宝贝呀！”

“如果你来追我，”小兔说，“我就要变成溪里的小鳟(zūn)鱼，游得远远的。”

“如果你变成溪里的小鳟鱼，”妈妈说，“我就变成捕鱼的人去抓你。”

“如果你变成捕鱼的人，”小兔说，“我就要变成高山上的大石头，让你抓不到我。”

“如果你变成高山上的大石头，”妈妈说，“我就变成爬山的人，爬到高山上去找你。”

“如果你变成爬山的人，”小兔说，“我就要变成小花，躲在花园里。”

“如果你变成小花，”妈妈说，“我就变成园丁，我还是会找到你。”

“如果你变成园丁，找到我了，”小兔说，“我就要变成小鸟，飞得远远的。”

“如果你变成小鸟，飞得远远的，”妈妈说，“我就要变成树，好让你飞回家。”

“如果你变成树，”小兔说，“我就要变成小帆船，漂得远远的。”

“如果你变成小帆船，”妈妈说，“我就变成风，把你吹到我要你去的地方。”

“如果你变成风，把我吹走，”小兔说，“我就要变成马戏团里的空中飞人，飞得高高的。”

“如果你变成空中飞人，”妈妈说，“我就变成走钢索的人，走到半空中好遇到你。”

“如果你变成走钢索的人，走在半空中，”小兔说，“我就要变成小男孩跑回家。”

“如果你变成小男孩跑回家，”妈妈说，“我正好就是你妈妈，我会张开手臂好好地抱住你。”

“天哪！”小兔说，“我不如就待在这里，当你的小宝贝吧。”

他就这么办了。

“来根红萝卜吧！”妈妈说。

（黄迺毓　译）

阅读实践

活动一

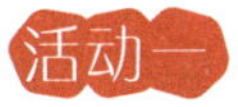

这四篇文章中，你觉得哪个情节想象最神奇？在文中标出相关语句，想一想神奇在哪里，再用几句话写一写。

奇妙的想象

- 《写童话的爷爷和看童话的耗子》
- 《大画家和小画家》
- 《我是一个小孩儿》
- 《逃家小兔》

活动二

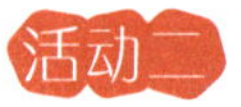

在想象的世界里，人物往往变得有趣而神奇。请发挥想象，猜一猜文中的主人公还会发生哪些有趣的事情。选择其中的两篇，为它们编写一个新情节吧。

奇妙的想象

《写童话的爷爷和看童话的耗子》

《大画家和小画家》

《我是一个小孩儿》

《逃家小兔》

同学们，故事读完了，你脑海中是不是也浮现出很多梦幻般的画面？快把你想到的神奇画面画出来吧，然后把画完的故事讲给同学们听。

故事的名字________

自由阅读

① 谁住在皮球里

［南斯拉夫］鲁凯奇

是啊，谁住在皮球里呢？谁住在这圆不溜的快乐的屋子里呢？可能是仙女？太可能了。可要细一想，仙女应该生活在森林里呀，怎么会住在圆球里呢？那么，可能是地下精灵吧？这倒是很可信的。因为地下精灵形体小，圆球能容下他的身体。可他为什么要住进皮球里去呢？哎，也许是魔术师吧？他完全可能缩进一个球体里去。为了让观众喝彩，他会那么做的。

到底谁会住在皮球里呢？是仙女，是地下精灵，是魔术师，可能还会是……

然而，皮球里住着的既不是仙女，也不是地下精灵，更不是魔术师。那里头住的……

第一，是兔子。因此，球会跳跃。第二，是轮子。因此，球会滚动。第三，是鸟，好像是一只喜鹊。因此，球会飞。

兔子、轮子和喜鹊都睡着的时候，圆球一动不动，像是里头什么也没有。不过，要是来那么一只脚……这就得从头说起了。

兔子睡了，轮子睡了，喜鹊把头藏到翅膀底下也睡了。于是皮球安安静静地躺在草地上。可这时，两只脚向他走来了，一只左脚，一只右脚。左脚飞起一下，把球踢了一下。轮子醒了，滚了几下，嘟嘟哝哝地埋怨道：

"哎，兔子，你干吗踢我一脚？我要睡，不想滚！"

这时，右脚又把球踢了一下，这下踢得更有力。于是兔子醒了，在球里蹦了几下。

"哎，哎，喜鹊，你别闹呀！"兔子大声叫道，"我想睡觉，不想跳！"

这时，左脚又猛劲地把球踢了一下！喜鹊醒了，他伸展翅膀，球飞了起来，高高地，直向天空飞去。

"哼！"喜鹊扇动着双翅，"轮子，想不到你这么爱闹！你要滚，就自个儿滚去得了，干吗把我闹醒？"

兔子生喜鹊的气，喜鹊生轮子的气，轮子生兔子的气。他们吵得不可开交，这时的球呢，又跳、又滚、又飞。

人们都说，皮球里的兔子、喜鹊和轮子相互一争吵，有趣的游戏就开始了。于是，球就像鸟儿那么飞，像轮子那么滚，像兔子那么跳。要让他停住呀，不用想！

（韦苇　译）

② 落叶之歌

汤素兰

“飘落以后，会怎么样呢？”小叶子问旁边的大叶子。

“不知道。”大叶子摇摇头。

小叶子长在高高的树枝上，往上看，是无边无际的天空，往下看，是深不可测的大地。小叶子的头一阵眩晕。

“飘落以后，会怎么样呢？”这个疑问，从春天到秋天，一直在小叶子的心里萦(yíng)绕。小叶子问过风，问过雨，问过身边的叶子，也问过她赖以生长的树枝，还问过偶尔来拜访的山雀，但没有谁能给她一个答案。

这是一棵高大的落叶乔木。树上的叶子从春天发芽生长，经过夏天和秋天，在冬天大雪到来之前都会飘落，年年如此。所有曾经飘落的叶子从来没有再回到树上，因此，没有任何一片叶子知道飘落的过程是怎样的，也不知道曾经飘落过的叶子有过什么样的遭遇。

“每一片叶子的命运都像一个猜不透的谜。”小叶子身边的大叶子说，“我们甚至不知道自己何时会飘落，因为你根本弄不清西北风何时会刮起来，会摇动哪一根树枝。当西北风刚好将你吹落的时候，你跟着风走就是了，不要去问你最终会飘到哪里，会遇到些什么。”

大叶子的话音刚落，一阵寒冷的北风就呼啸而来，大叶子和旁边树枝上的许多片叶子都被吹落了。北风也呼呼地吹着小叶子，想把她摇落，但是小叶子用自己小小的叶柄拼命抓紧树枝，不让自己掉下去。北风吹得小叶子一会儿朝前倾，一会儿向后倒，但不管北风如何吹，小叶子总是顽强地抓紧树枝，她说什么也不愿意被风吹落。

作者运用一系列的动词，刻画出了顽强的小叶子的形象。

北风吹累了，他穿过树林，回最北的北方去了。

这一阵北风把整棵树上的叶子吹落了一大半。现在，树上只剩下稀稀疏疏的几片枯黄的叶子，尤其是小叶子所在的这一根树枝上只剩下了这一片小叶子，她孤孤单单地斜倚在树枝上，她的叶柄已经被北风摇脱了，只要稍微有一点儿风，或者大树微微颤动一下，她就会从高高的树枝上跌落下去。

小叶子害怕极了。可是，害怕有什么用呢？没有谁能帮助她。“既然跌下去是我的命运，那我就勇敢地迎接命运吧。”小叶子心想。

“呼呼呼”，又一阵寒冷的北风吹过来了。这一次，小叶子和大树上剩余的那些叶子一齐跌落在北风里。

北风裹着树叶，将他们吹上天空。小叶子在风里飞扬，她飞过溪流，听见溪水叮叮咚咚唱歌；她飞过田野，看见收获过的田野里草垛堆得像一座座小山。她在北风里飞舞，她觉得北风一点儿也不可怕，反而像一个友好的朋友。因为北风把她送上蓝天，把她吹过原野，让她游历了广袤(mào)的天空和大地。这一切，当她曾经作为一片叶子长在树梢上的时候，都只能呆呆地站在树梢上看着，她做梦也没有想到过自己能飞翔。

小叶子飞过溪流、飞过田野……多么奇特的想象啊！边读边想象画面吧！

一群鸟儿飞过小叶子的身边，小叶子快乐地说：

“哦，太好了，我现在变成了一只鸟儿！也能像鸟儿一样飞了！”

“如果你能这样一直飞下去，你就真像一只鸟儿了。”一只鸟儿说，“但是，你不会这样一直飞下去的……”

“为什么不能一直飞呢？接下来，还会发生什么呢？”小叶子问鸟儿。

鸟儿没有回答，唱着歌儿飞走了。

这时，北风旋转起来。紧接着，一滴滴冰冷的雨从空中落下来。雨珠一滴一滴落在小叶子的身上。对于雨，小叶子一点儿也不陌生。当她还长在树枝上的时候，从春天到秋天，她就见识过霏霏的春雨、瓢泼的夏雨、连绵的秋雨。小叶子喜欢雨，当雨点打落在身上的时候，她觉得很舒服，心里有一支歌要唱。现在，飘在空中的她又遇到了雨，她高兴极了，好像遇到了老朋友。她在雨中和雨唱起了二重唱：

“滴答滴答滴答……”

“沙沙沙沙沙沙……”

歌声真好听。

他们的歌声真美妙！我仿佛听到了他们在唱歌。

冷雨将小叶子全身打得透湿，她的身子变得沉重起来。现在，北风也小了。小叶子随着雨滴从空中降落到了地面上。

“谢谢你，亲爱的伞！”小叶子刚落到地面，就听见一个细细的声音对她说话。她低下头一看，原来是一只小蟋蟀。

小蟋蟀站在湿漉漉的草丛里，瑟瑟发抖。刚才冷雨飘落的时候，小蟋蟀来不及回到自己的洞里。他正在发愁呢，没想到小叶子从空中落下来，正好落在他的头顶上，为他挡住了雨。他还以为小叶子是一把伞呢。

“哦，我不是一把伞，我是一片小叶子。”小叶子对小蟋蟀说。

“你为我挡住了雨，对我来说，你就像一把伞呀！”小蟋蟀说。

当然，小叶子很高兴能当小蟋蟀的伞。她像一把伞一样，一直铺展在小蟋蟀的头顶上方，为他挡雨。她的心里充满了快乐，因为当她还是一片小叶子长在树梢上的时候，做梦也没有想到有一天她还能成为一把伞。

雨停了，太阳又照亮大地。太阳晒干了小叶子身上的雨水，小叶子又恢复了好看的枯黄色。

这是初冬的太阳，不如春天、夏天和秋天的太阳那样温暖。小蟋蟀站在太阳下，也还是觉得冷。他说，他要钻到地下去睡觉了。

小蟋蟀很喜欢小叶子，他说：“小叶子，当我睡觉的时候，你能不能当我的被子呀？”

“没问题！我很乐意当你的被子！”小叶子说。

小蟋蟀钻进泥土下面的家里睡觉去了。小叶子就静静地躺在泥土上面当小蟋蟀的被子。现在她的心里既有快乐又有自豪，因为当她还是一片小叶子长在树梢上的时候，她做梦也没有想到自己有一天还能变成一床温暖的被子。

此时的小叶子在想些什么呢？

小叶子的颜色是暖暖的黄色，像阳光一样。有了这样一床美丽的被子，小蟋蟀在泥土下面一定会睡得又香又甜。

日积月累

叮叮咚咚　滴答滴答　沙沙沙沙

稀稀疏疏　孤孤单单　瑟瑟发抖

霏霏的春雨　瓢泼的夏雨　连绵的秋雨

无边无际的天空　深不可测的大地

③ 梦中的动物和植物

张晓楠

我梦见，鱼儿
是长在棵子上的，
像小青椒，
像小红椒，
等着我们去采，
想跑也跑不掉。

我梦见，辣椒
是生在池塘里的，
像小鲤鱼，
像小鲫鱼，
在秋天的水域，
游来游去……

小燕子，长了

四条腿儿，
在田野里疯跑；
小兔子，长出
一对翅膀，
在空中飞啊飞。

连小茄子，都是
飘在空中的，
像紫色的气球，
吹大就大，
吹小就小。

花生，是挂在
树条上的，
一串一串，
像迷人的风铃，
摇来摇去……

我还梦见，
我和我的伙伴们，

全长成了
整齐的玉米，
腰间，别着手枪，
威风又神气！

梦真有趣！你还梦见过什么？仿照这首诗说一说，让我们一起来“做梦”吧！

阅读链接

一天的工作或学习下来，真想美美地睡上一觉。可是睡着了有时会做梦，这是怎么回事呢？睡眠时，虽然大脑皮层的大部分区域处于休息状态，但有个别区域仍然处于兴奋状态。当某些外部刺激，如声音、光线、气味等，作用于睡觉者的感觉器官时，就可能引起做梦。例如：闻到香味，可能会梦见在餐馆中吃饭；想小便，可能会梦见找厕所；等等。临睡前精神紧张，如看惊险电影或听了恐怖故事，也会引起做梦。

④ 月亮是块大烙饼

汤素兰

一天晚上，一只小老鼠坐在山上看月亮，月亮又大又圆，油汪汪的，小老鼠越看越觉得那是一块大烙饼。

小老鼠觉得月亮是一块大烙饼，我觉得月亮像……

它看见小蟋蟀正坐在一根狗尾巴草上唱歌，就问道：“小蟋蟀，月亮是不是一块大烙饼呀？”

小蟋蟀抬起头，仔细地看了看，想了想，然后肯定地说：“是一块烙饼！”

“吃起来一定很香吧？”小老鼠又问。

“一定很香。”小蟋蟀肯定地说。

可是，月亮高高地挂在天上，怎么吃得着呢？

小老鼠和小蟋蟀一起坐在大树下，望着天上的月亮，想呀想……

小蟋蟀想出了一个好主意：用草编一挂长长的绳梯，沿着梯子往上爬，不就可以够得着天上的月亮了吗？

小蟋蟀想出的主意真好！你能想出哪些好主意？快和大家分享一下吧！

它们俩拔来了许多草，坐在大树下编绳梯。

天上的月亮看见了，悄悄地滑过大树上空，往西走……

小老鼠抬起头，大声说：“月亮月亮你别走，等我们把绳梯编好了，就把你吃了！”

小蟋蟀抬起头，大声说：“烙饼烙饼你别走，等我们把绳梯编好了，就把你吃了！”

天上的月亮听见了，走得更快了。

好神奇的想象啊！

长长的梯子编好了，小蟋蟀和小老鼠使劲往天上一抛，梯子飘飞起来，垂挂在天空里。

它们俩沿着梯子往上爬呀爬呀，一会儿就爬到了天上，离月亮只有一点点远了。

它们俩往前一跳，就跳到了月亮上。

月亮真是一块大烙饼呢，香喷喷，油汪汪。

小老鼠抱着大月亮，咬了一口。

小蟋蟀抱着大月亮，咬了一口。

第二天晚上，当月亮出来的时候，小老鼠和小蟋蟀发现，月亮缺了一点点。

“那一定是我们昨晚吃掉的。”小老鼠骄傲地说。

“我们今天再去吃一点点。”小蟋蟀说。

月亮吓坏了，想从天上逃走。

但是来不及了，小老鼠和小蟋蟀把绳梯抛起来，飞快地爬到了月亮上。

小老鼠抱着大月亮，咬了一口。

小蟋蟀抱着大月亮，咬了一口。

由于小老鼠和小蟋蟀每天晚上吃月亮，最后，圆圆的月亮只剩下一点点，像一把弯弯的镰刀。

月亮再也不到天上来了。

没有了月亮，大地一片漆黑，什么也看不见，山上的虫子也不再唱歌，小老鼠和小蟋蟀发愁了。

怎么办呢？

它们俩坐在高高的大树下，想呀想……

小老鼠说：“月亮月亮回来吧，我们再也不吃你了！”

小蟋蟀说：“月亮月亮回来吧，我每天晚上为你唱歌！”

小蟋蟀坐在狗尾巴草上，唱起了最好听的歌。

这时，弯弯的月亮露出了一小点。

小蟋蟀唱得更起劲了，山上所有的虫子都加入了合唱。

弯弯的月亮飘浮在天上，像一只金色的小船，漂亮极了……

阅读链接

月球，旧称“太阴”，亦称“月亮”，简称“月”，是地球的天然卫星。月球表面布满了环形山和陨石坑，所以月球表面看起来“伤痕累累”。

月亮会呈现不同的月相：农历每月初一，月亮处在地球和太阳中间，叫作“新月”。到了农历每月初八左右，我们会看到月球西边的半圆，叫作“上弦月”。上弦月过后，到了农历每月十五、十六，月亮被太阳照亮的那一半正好对着地球，称为“满月”。农历每月二十三左右，我们可以看见月球东边的半圆，称为“下弦月”。

⑤ 公园里的环保小卫士

陈彦杰

星期天下午，我到公园去玩。一进公园，就看见一群小朋友在草坪上追来追去。突然，一个小朋友把手中的塑料瓶抛向天空，那塑料瓶猛地落下来把草坪上的小草都砸疼了。我原本高兴的心情立刻变得愤怒无比："难道你们都不知道这样会弄疼小草吗？你们不知道垃圾不落地，城市更美丽吗？"

近几年的天空越来越灰暗，湖水越来越浑浊，嫩绿的草坪也越来越少了。想到这些，我心中难过极了。这时候，一个小精灵出现了："你可以发明一些环保鸟呀！这些环保小卫士虽然体积小，但是有很大的力气，比如环保鸟可以阻止人们砍树木。如果有人想要砍这些树木，环保鸟就会说话，提醒他们不要乱砍。如果是机器砍树的话，环保鸟抬起脚，嘭的一声，就可以把这些机器给踢得老远，踢得粉身碎骨。"

小精灵说完就消失了，她和我的想法不谋而合。我把我的想法告诉了爸爸，爸爸很支持我，带我来到他的实验室开始做环保鸟。我把环保鸟的眼睛设计得很敏锐，让它的嘴巴会说话。这些环保鸟很聪明，但还是有一个缺点：不能迅速潜入海底找到海底垃圾。为此，我打算在海底安置几个升降垃圾桶，有需要的时候可以随时浮出海面升降运输，解决了环保鸟不能长时间待在海里的问题。这样它既能在海里捡拾垃圾，又可以在天上飞着寻找垃圾桶在哪里，然后再把垃圾吐进垃圾桶里。它的肚子里面有三个袋子，吞进去的垃圾会根据可回收、不可回收和有害垃圾进行分类。它们把垃圾吞进肚子的同时，还能对周围被污染的水源进行净化。

环保鸟不仅能时刻提醒人们不要乱丢垃圾，而且可以吸收废气，再把这些废气变成氧气。自从有了这样一群环保小卫士，小草变得更绿了，空气变得更清新了，湖水变得更加清澈透底了。哈哈，我的想法是不是很奇妙呢？所以，我要从现在开始好好学习，在未来的时代，这种奇思妙想一定能实现！

（学生习作）

⑥ 小水滴旅行记

毕芳芳

我是小水滴，飘浮在空中。夜里，我变成小露珠。清晨，我落在一朵鲜艳的牵牛花上，牵牛花高兴地吹起小喇叭，等候小蜜蜂、小蝴蝶来做游戏。太阳出来了，我越来越轻，只能依依不舍地与朋友们告别，又与无数的兄弟姐妹聚在一起，变成白云。小鸟飞来与我打招呼，给我讲它去年冬天的故事。

我飘在天空往下看，好高啊！人变成蚂蚁那么小，汽车成了火柴盒。一阵风吹来，我们来到了另外一个地方。这里太干旱了，庄稼都要枯死了，农民伯伯正在发愁。我们变成小雨滴从天而降，有的跳到了树林里，给树上的叶子刷了一层淡淡的绿色；有的落到了花丛中，给花朵增添了一份香；有的流到了小溪里，奔向海洋的旅行开始了；有的跑

这真是一场奇妙的旅行！

到石缝里，帮忙碌的蚯蚓松松土；有的爬进水管里，帮园丁浇浇花；有的落进泥土里，陪寂寞的泥土说说悄悄话。庄稼张开手臂欢迎我们，农民伯伯喜笑颜开……

我来到一条小河里，这次运气不好，有人往河里扔垃圾，有人往河里倒污水，我快要喘不过气来了。慢慢地，我升到了高空，飘浮在空中，我看到小溪是灰色的，荷塘是灰色的，城市是灰色的，我闻到周围有一股刺鼻的味道，我赶紧逃走。跑啊跑啊，我终于来到大海里。大海一望无际，有那么多不认识的兄弟姐妹。我见到了各种各样、大大小小、颜色各异的鱼。它们有的很温柔，和我做游戏；有的很凶猛，别的鱼一见它就赶紧跑。哇！再看看岸边，这里的天是蓝的、山是绿的、水是透明的、空气是清新的，好一个人间仙境啊……红彤彤的太阳恋恋不舍地从西山沉下。皎洁的月亮升起来了，我的身体也越来越沉，我慢慢地进入了梦乡……

“快来看呀，多么美丽的珍珠啊！”我被一个孩子的喊声惊醒了，我发现我的身体是晶莹剔透的，没有一丁点儿杂质，我第一次知道我是如此美丽。这时，我是池塘里一颗在荷叶上滚动的露珠。

我是普普通通的小水滴，我希望这个世界变得更美好。地球是我们共同的家园，需要我们一起保护她，给她留下更多的蓝天、碧水、绿地！

（学生习作）

猜谜语

散步在小溪，
睡觉在池塘。
奔跑在江河，
咆哮在海洋。

（打一自然物）

难忘的童年

童年，是一幅流动的画，从花前到林间，从街头到溪边；童年，是一只飞翔的纸鸢，有着对天空的向往，也有着对大地的依恋；童年，是一座神奇的乐园，有爷爷的打火匣，有爸爸的花椒糖……

快来读读这个专题的文章吧，感受一下作者笔下童年生活的绚烂缤纷。遇到难懂的句子，可以试着运用联系生活实际或者展开丰富的想象等多种方法进行理解。

范文阅读

1 童年的水墨画（节选）

张继楼

花　前

目光一次次从花上移到纸上，
心里早画下花儿的模样。
一支蜡笔在纸上轻轻滑动，
一朵鲜花在纸上慢慢开放；
一只蜜蜂绕着画纸飞了一圈，
它好像已闻到花儿的清香。

看着蜜蜂绕着画纸飞，想象着它可能是被花香吸引了。这样的想象真是既合情合理，又自然有趣。

街　头

听不见马路上车辆喧闹，
哪管它街头广播声高。
书页在膝盖上轻轻地翻动，
嘴角漾着丝丝抹不掉的笑。
阳光从脚尖悄悄爬上膝盖，

“爬”字写出了阳光像孩子一般顽皮可爱。

也想着“黑旋风”水战“浪里白条”。

树下

黄柏树撑一柄翠绿的大伞，
一群白鸽在树荫下跳舞歌唱。
阳光从叶缝里悄悄地看，
千万只眼睛织成一张光的网。
仿佛老树也变得年轻了，
一次次鼓着绿色的手掌。

结合上下文，我知道了“一群白鸽”指的就是在树下跳舞唱歌的孩子们。

阅读链接

水墨画是由水和墨调配成深浅不同的墨色所画出的画，是绘画的一种形式。水墨画被视为中国传统绘画，是国画的代表，也称国画、中国画。基本的水墨画，仅有水与墨、黑色与白色，但进阶的水墨画，也有工笔花鸟画，色彩缤纷。后者有时也被称为彩墨画。

②放纸鸢

钟代华

叠起来，叠起来
把风儿叠起来
把鸽哨叠起来
把笑声叠起来
把那些不懂事的蹦蹦跳跳
　　和不懂事的吵吵闹闹
都一起叠起来

读读诗句，联系自己的生活实际想一想，“一起叠起来”的还有什么呢？

叠成蜜蜂
叠成彩蝶
叠成流云
叠成一个有阳光的季节
然后放出去，放出去
把长翅膀的春天放出去

即使雨点儿将要落下
天真的纸鸢
仍然不停地飞呀飞
而且，会飞得很高很高
飞得很远很远
我们明白气候的变幻
明白风的走向
明白该飞的都应该飞起来

联系诗歌内容，就能读懂这句话的意思。和小伙伴们交流一下你的理解。

我们
放飞纸鸢
地平线在身后
放飞我们

③ 爸爸的花椒糖

林海音

提起我爸爸的花椒糖，先得从那次我妈妈的电话说起。

那天妈妈有事临时出一趟门。她出去了不久，就打回一个电话来，是我接的，妈妈说："你是阿葳吗？"

"我是啊！"

"告诉你，我出来才想起来，放在炉子上，有一锅番茄牛肉汤，快煮好了，可是我忘记放盐了。"

"没关系，我来放好了！"

"啊！不行，不行，你哪里知道放多少！"

我不服气："我会的啦，你忘了有一次你烧牛肉，不是叫我放的酱油吗？放多少盐？"

爸爸的花椒糖和妈妈的电话有什么联系呢？要想知道答案，得好好读读文章。

“啊！不可以，不可以，千万不可以，大姊(zǐ)回来没有？”

“只有爸爸在家。”

“宁可叫你爸爸来听电话。”

“妈，你以为爸爸比我更知道该放多少盐吗？”

“别废话！”

我挨了一顿呲(cī)儿，只好把美食家——我的爸爸——从午睡中喊起来。

我爸爸接了电话后很高兴。妈妈派他做点儿事，他总是特别的起劲儿。放下电话，他立刻戴上眼镜，奔向厨房去了。

从对爸爸的一连串的动作描写中，你能看出爸爸是个怎样的人呢？

我在饭桌上写功课，只听见爸爸掀锅盖，盖锅盖，来回好几次，一会儿又咂咂咂地在尝那汤。想必是那放盐的工作，做得十分仔细；放一点儿，尝一尝，才能恰到好处。不过还是我妈妈的本事大；如果只需要一匙(chí)的十分之一的话，她在盐罐里舀起一匙来，把盐匙儿一掂，自然就是十分之一的盐撒到锅里了。

这时候我爸爸由厨房里出来了，面孔显得有点严肃，大概是工作神圣的关系。但是过了一会儿，我见他又拿了笔墨纸砚到厨房去，不知做什么；总不能到厨房去写文章，等着牛肉汤煮熟吧？对了，说不定他是要写一张条子贴到锅盖上，说“本汤业已放盐”！因为爸爸常常责备妈妈做事不经过大脑，大概怕妈妈回到家里来又放一次盐。

妈妈在晚饭前回来了。当那碗金红色的最美丽的番茄牛肉汤端上来的时候，我爸爸拍了一下大腿，笑得别提多么抱歉了，他说：

联系上下文，你知道爸爸为什么拍了一下大腿，笑得那么抱歉了吗？

“今天真糟糕……”

“怎么？”大家都吓一跳。

“我把糖当成了盐。放上尝了尝，不够咸，又放上尝了尝，还不够咸，后来尝出甜头儿来了，我才知道搞错了。”

“唉——那还怎么喝啊！”妈妈的脸

立刻变了色。

“不过你们可以尝尝，味道还不错。我后来又继续放了盐，虽然甜了一点儿，但是番茄原本是酸的，放了糖，再放盐，不就中和了吗？”

我那甲种体格的预备军官大哥哥，面有愠色。别怪他，他是独生子，又是每个星期只回家一次打牙祭的阿兵哥。他说：

“盐跟糖，您都分不出来？”

妈妈赶快说：“你爸爸是近视眼。”

汤倒不算是顶难喝，不过每个人今天喝汤的方法都很特别，喝一口，就咂咂嘴，深深地去品味那酸甜咸的综合味道。

我爸爸最后下了结论，他对妈妈说：

“下次你就不会弄错了。我已经在糖罐盐罐上，各写了标签，贴上去了。”

妈妈从鼻子里不屑地哼了一声：“两个罐子，用了足有十年了，我几时给你煮过甜牛肉汤喝来着？”

第二天，妈妈就把两个罐子上的标

签撕掉了。真可惜！我爸爸常说，他的字是郑板桥体，最为难得，怎么好撕掉呢？那岂不太辜负了我爸爸对我妈妈的一番好意吗？所以我就说话了：

妈妈把标签撕掉的情节，为爸爸下一次放错盐做了铺垫。

“妈，何必撕掉？有总比没有强。”

妈妈说：“罐子一高一矮，一盐一糖，我从来没有拿错过；现在上面写了字，害得我每次要看看，反倒乱心，起交错反应，你懂不懂？”

昨天，我妈妈正在厨房，锅里干焙（bèi）着一些花椒粒。电话铃响了，我接听了，立刻喊妈妈：

“妈，您的电话。”

妈妈从厨房里出来了，问我：

“谁来的电话？”

我不由得笑了笑，说：

“长途。”

妈妈一听是长途，好高兴，打了我的小屁股一下，又问：

妈妈接电话的情节为后文爸爸做“花椒糖”创造了机会。

“哪个嘛？”

对了，妈妈的长途电话多得很，潘长途，张长途，王长途，严长途；不，我应当说潘阿姨，张阿姨，王阿姨，严阿姨才对，这回是潘阿姨。

妈妈坐下来听电话，二婶婶过来了，她轻轻地拍拍妈妈的肩头说：

“少说两句吧，你的干焙花椒还在火上，我可不会帮你弄啊！”

二婶婶自从考进女一中（其实只是夜校），就这么老气横秋的，把妈妈也当成了小孩子，怎么可以拍拍打打的！

不过也不能怪二婶，妈妈的长途电话——学一句大哥哥的形容词——真是terrible（可怕的）！常常话都快说完了，就要说“再见”了，潘阿姨还要加上一句：“我好像还有什么话要跟你说……”于是妈妈也就恋恋不舍地握住听筒说：“那你就再想一想吧！”

多么形象的描述，这是作者细致观察生活的结果。

所以，二婶婶第二次来警告妈妈：

“花椒可热得在锅里跳舞啦！”

这时候，我爸爸突然出现，他一语不发地又从书房走向了厨房，当然是去接掌那干焙花椒之职；因为妈妈的自制花椒盐，也是为了爸爸呀！把花椒焙过以后，压碎，加上细盐，装在罐子里，随时取出，可以用来油炸花生米或炸胗(zhēn)肝吃。这是爸爸最喜欢的调味品。

妈妈见爸爸去厨房，就更放心地说她的长途了。我和二姊姊做个鬼脸笑笑，二姊姊说：

猜一猜：这一次爸爸去厨房，又会发生什么呢？

“妈，放心长途吧，你的理想丈夫替你炒花椒去了！”

妈妈的电话打完了，爸爸的花椒盐也做好了。一手完成，满满的一玻璃瓶，够吃大半年的，真叫棒！

晚饭桌上，立刻多了一样小菜——炸花生米。爸爸叫我：

“阿葳呀！别忘记撒点儿花椒盐在炸花生米上。”

“知道喽！”

爸爸是怎样吃花生的？找一找爸爸吃花生时一系列的动作，想象一下此时爸爸的神情。

那碟花生米摆在爸爸的面前，因为那是他心爱的小菜。爸爸夹起了第一粒花生米来吃了，他嚼了嚼，咂咂嘴。又夹第二粒放进嘴里，抿抿嘴，却“咦”了一声。等到第三粒放进嘴里，他的筷子就直点着我：

“你在炸花生米里放了什么？”

“花椒盐嘛！”

“你放了糖。”爸爸肯定地说。

“我没放糖，一定是你放了，爸。”

爸爸愣住了，满桌人都愣住了。

“那矮罐里，不是盐吗？”爸爸问。

“盐？”妈妈说。

“唉！”大姊姊说。

联系文章内容，思考一下爸爸为什么“只哈哈一笑，笑得那么和气”。

爸爸却只哈哈一笑，笑得那么和气！

二姊姊说：“理想丈夫！”

吃完饭，我要做功课了，今天写一篇作文，我想不起写什么。二姊姊说：

“那还不容易！我给你出个题目，就写‘爸爸的花椒糖’好啦！”

④ 大王杏的记忆

刘海云

又到了瓜果飘香的季节，我站在我家小果园里的杏树下，仰头看着满树灿若星辰、大如仙桃的大王杏，等着过路的清风帮我摇下那熟得最透的“落把儿”甜杏来。只要听得“吧嗒”一声响，我便如孩子般欢喜地奔过去，捡起那骨碌碌滚入草丛的大杏子来，迫不及待地咬一口，满嘴的清香甜糯，把我的思绪也拉回到了童年。

清香甜糯的大杏子，唤醒了作者童年的记忆。

那时，我家杏树上结的，还是那种如野山杏般大小的青皮杏子，味酸、肉薄，还是苦核，一点儿也不好吃。而隔着低矮的篱笆那边是邻居五奶奶家红得耀眼的大王杏。

有一天放学后，我终于没有抵挡

运用抓关键词的方法，我读懂了作者为什么能轻巧地越过篱笆，敏捷地爬上那棵杏树。

住心中“馋虫”的怂恿，轻巧地越过篱笆，敏捷地爬上了那棵杏树。别看我是女孩子，由于自小在乡村里长大，爬树、掏鸟蛋之类的本事，可一点儿也不逊色于男孩子们。

等我刚把四五个熟透的大王杏揣在兜里，要下来的时候，“汪”的一声狗叫，吓了我一大跳。低头才发现，五奶奶家的大黄狗跑到树下，正冲我凶神恶煞(shà)般地狂吠(fèi)。

我以为它要蹿上树来咬我，吓得赶紧往更高处爬。越往上，树干就越细，风一吹，便有点儿晃晃悠悠。我紧紧地抱着树干，蜷缩在树杈上一动不敢动，眼睛死死地盯着树下的狗，想到即将因此“送命”，忍不住害怕得哇哇大哭起来。

此起彼伏的哭声和狗叫，终于把五奶奶给招来了。我一看，坏了！这下就算不被狗咬，也要被五奶奶揪着小辫子去向我爸妈告状，然后就等着被爸爸狠揍，或者被妈妈痛骂吧！

我越发绝望，抱着树干哭得撕心裂肺。

树下，狗已经不叫了，冲五奶奶摇着尾巴。五奶奶脸上带着温和的笑意，招手让我下来，说下来了给我糖吃。

“不……我不！我就不！”我把头摇得像拨浪鼓一样，心想：先前还放狗咬我，这会儿会给我糖吃？以为我小，好骗？我才不上当呢！我又往上蹿了蹿，死活不肯下来。树头摇晃得更厉害了。

五奶奶见状，赶紧摆手说：“好好好，咱不下，咱就好好儿在树上待着，别动，啊！”

耗了半天，五奶奶终于奈何我不得，只好带着大黄狗离开了。

我抖抖索索地待在树上，直到天黑了，才提心吊胆地溜下树回家。一想到等天亮了，五奶奶肯定会来兴师问罪，

联系上下文想一想，是什么让“我”从“害怕得哇哇大哭”到“哭得撕心裂肺”？

“抖抖索索”“提心吊胆”“整个晚上都睡不踏实”等词句是对小孩子细致入微的动作、心理描写。

那时候就要吃不了兜着走了，我整个晚上都睡不踏实。

果然，第二天一大早，五奶奶来我家了。

不过，不是来找麻烦的，而是来送杏子的！满满一大篮，红彤彤的大王杏上还沾着晶莹的露珠，像是知晓我的糗事一般，调皮地冲我眨着眼睛。

五奶奶并没有提及昨天的事，只是临出门前，慈爱地摸了摸我的头，小声对我说：“小鬼头，以后想吃杏子就告诉奶奶，可千万别再爬树哟，危险！”

我使劲儿地点了点头，不好意思地笑起来。

转眼，五奶奶已经去世好多年了。我家的杏树上也嫁接了大王杏的枝条，每年都有清香甜糯的大王杏可以吃了。每当杏子成熟的季节，我总会想起五奶奶来，想起她给予那个“馋嘴小丫头”的宽厚与仁慈，感动不由得涌上心头。

⑤ 往事（节选）

冰　心

父亲的朋友送给我们两缸莲花，一缸是红的，一缸是白的，都摆在院子里。

八年之久，我没有在院子里看莲花了——但故乡的园院里，却有许多；不但有并蒂的，还有三蒂的，四蒂的，都是红莲。

故乡园院里的红莲，“我”仍清楚地记得。红莲将会唤起多少“我”童年的纯真记忆呢？

九年前的一个月夜，祖父和我在园里乘凉。祖父笑着和我说：“我们园里最初开三蒂莲的时候，正好我们大家庭中添了你们三个姊妹。大家都欢喜，说是应了花瑞。”

半夜里听见繁杂的雨声，早起是浓阴的天，我觉得有些烦闷。从窗内往外看时，那一朵白莲已经谢了，白瓣儿小船般散漂在水面。梗上只留个小小的莲蓬和几联系上文，对比白莲，我们看到了那朵红莲的坚强。

根淡黄色的花须，那一朵红莲，昨夜还是菡萏（hàn dàn）的，今晨却开满了，亭亭地在绿叶中间立着。

仍是不适意！——徘徊了一会子，窗外雷声作了，大雨接着就来，愈下愈大。那朵红莲，被那繁密的雨点，打得左右攲（qī）斜。在无遮蔽的天空之下，我不敢下阶去，也无法可想。

对屋里母亲唤着，我连忙走过去，坐在母亲旁边——一回头忽然看见红莲旁边的一个大荷叶，慢慢地倾侧了下来，正覆盖在红莲上面……我不宁的心绪散尽了！

因为有大荷叶为红莲遮风挡雨，所以此时“我不宁的心绪散尽了”。

雨势并不减退，红莲却不摇动了。雨点不住地打着，只能在那勇敢慈怜的荷叶上面，聚了些流转无力的水珠。

我心中深深地受了感动——

试着联系自己的生活，谈谈对这句话的理解。

母亲呵！你是荷叶，我是红莲。心中的雨点来了，除了你，谁是我在无遮拦天空下的荫蔽？

⑥ 爷爷的打火匣（节选）

徐　鲁

我小的时候，跟爷爷一起生活在一个偏远的小山村里。

那时候在乡下，火柴还是十分珍贵的东西，也很少有盒装的火柴。我们从镇子上的供销社里买回的火柴，都是散装的，可以一两一两地买，也可以半斤半斤地买。售货员用牛皮纸包好你买下的一小堆火柴，然后按照你购买的火柴数量，再给你相应大小的一张可以用来擦火的纸。

回家后，你可以把那张擦火纸剪成一小块一小块的，计划着使用，一直用到把那一大包散装火柴都用完了为止。

从哪些语句中能看出火柴很珍贵？和小伙伴交流一下你的感受。

火柴这么稀贵，我爷爷就特别节俭，抽旱烟的时候从来不使用火柴，只用自己的打火石和打火镰，这样可以把火柴节省下来，留给奶奶做饭引火的时候用。

记忆中爷爷用的打火匣，装满了爷爷喜爱的东西。联系生活实际，说一说你珍藏的东西。

我记得，爷爷的打火石和打火镰都装在他那个不知道用了多少年的小小的打火匣里。打火匣里还有一个同样不知道用了多少年的烟荷包，那是奶奶年轻的时候为他做的。烟荷包里装着搓好的烟末。此外，还有一支小小的银制的挖耳勺，也装在打火匣里。爷爷会经常用挖耳勺清理烟袋锅里的烟油。

爷爷的烟袋杆很长，一头镶着玉石烟嘴儿，另一头是黄铜烟袋锅儿。

长长的旱烟袋和小小的光滑的打火匣，是爷爷最心爱、最离不开的东西，天天都带在身边。

每次他要抽烟的时候，就把这些东西一样一样地拿出来。先在烟袋锅里装满了烟末，用手按紧之后，就把长长的烟袋杆衔在嘴上，然后用打火石和打火镰对着烟袋锅，叮叮对擦两三下，擦出的小火星就飞进了烟袋锅里，烟末顿时就点着了。

如果是在黑夜里，我还能看见打火石和打火镰对擦出的小小的金色火星。

小时候，我还没怎么觉得爷爷的打火匣有多么神奇。现在，我早已长大，爷爷过世也有三十多年了。当然，就算是在最偏远的乡下的小村庄里，也没有人再会使用打火石和打火镰了。这时候，再想起爷爷的打火匣，想起爷爷的那套打火石和打火镰，想起那叮叮对擦的声音，还有在黑夜里擦出来的小小的、金色的火星，我突然觉得爷爷的打火匣是那么的神奇！

也正因此，我是那么怀念我的爷爷，怀念爷爷的打火匣。

小小的打火匣是爷爷的最爱，它给了“我”童年美好的回忆。

7 昆虫迷

叶永烈

“专心致志”“如痴似迷”这两个词语让我们感受到法布尔观察昆虫时的专注和投入。

天哪，这是怎么回事：一大群人围在田头，观看一位“怪人”。这位“怪人”正趴在地上，专心致志地用放大镜观看蚂蚁是怎样搬走死苍蝇的。他如痴似迷，以至连周围挤满了人，竟然也没有察觉！

这位“怪人”是谁呢？他就是著名的法国昆虫学家法布尔。

法布尔从小就是一个“昆虫迷”。有一次，他仰着头观看屋檐下的蜘蛛怎样捕食蚊子，一看就看了三四个小时！

有一天夜里，法布尔提着灯笼，蹲在田野里，观看蜈蚣怎样产卵。看着看着，他忽然觉得周围越来越亮，一抬头，才知道太阳已经从东方升起！

还有一次，法布尔爬到一棵树上，屏(bǐng)着呼吸观看蜣螂(qiāngláng)的活动。他正沉醉于他的“昆虫王国”之中，忽然，听到树下有人大喊“抓住他”“抓住这个小偷”，这才大吃一惊——原来人家把他当成了小偷！

法布尔成年累月地观察昆虫，研究昆虫。他在昆虫学上的一些新发现，都是通过长期观察得来的。据统计，他研究土蜂，用了2年；研究一种蓝黑色的甲虫——地胆，花了25年；研究隧蜂，前后经过30年；研究蜣螂，用了40年！

注意法布尔研究昆虫所花费的时间。从中你体会到什么？

法布尔出生在一个贫苦农民的家庭。他的故乡是法国南部山区中一个偏僻的小村。小时候，他没上过像样的小学。法布尔的学问，是靠刻苦自学得来的。

法布尔曾说过这样的话：

“学习这件事不在乎有没有人教你，最重要的是你自己有没有觉悟。”

对于法布尔说过的话，你是怎么理解的？

“有教师言行指导的人是何等幸福！摆在他面前的是一条平直的坦途。另一种人则要走一条山崖嵯峨（cuó é）的小径，由于两眼一抹黑，经常摔跤；他慢慢摸法布尔说的这段话有两层意思：第一层意思是，有教师的指导，更容易走向成功；第二层意思是，他是根底浅薄者，在探索未知世界的途中必将遇到重重困难，要想取得成功必须要有毅力。

索着进入一个未知的世界而不知所往。帮他一把的唯有毅力——根底浅薄者的唯一伴侣。我的命运便是如此。”

靠着刻苦自学，法布尔学懂了数学、物理、化学、生物学和文学。他擅长写作，用清丽的文笔，为少年儿童写出了大量生动活泼的科普读物。

靠着刻苦自学，法布尔平生只上过一节化学课，而后来他却给学生教化学，并发明了一种化学染料。

靠着刻苦自学，法布尔未念过大学，却成为一位大学教授。

法布尔56岁时，积攒(zǎn)了一点儿钱，买了一块荒地。他搬到那里去住，整天跟昆虫打交道。他说：“我的收获不是谷物，而是大自然的秘密。”

法布尔花了毕生精力写作巨著《昆虫记》，这部书共10卷，第1卷在1879年问世，最后一卷在他84岁时（1907年）出版。

法布尔对大自然的观察非常精细。这里试摘一段，便可看出他那敏锐、深刻的观察力：

“在朝着阳光的堤岸上，青草丛中，隐着一个倾斜的隧道，这里就是有骤(zhòu)雨，即刻也会干的。这隧道最多是9寸深，不过一指宽，依着土地的天然情况或弯曲或成直线。差不多像定例一样，总有一丛草将这所住屋半掩着，其作用如一间门洞，将进去的孔道隐于黑阴之下。蟋蟀出来吃周围的嫩草时，决不碰及这一丛草。那微斜的门口，仔细耙扫，收拾得很广阔！这就是它的平台，当四周的事物都很平静时，蟋蟀就坐在这里弹它的四弦琴。”

法布尔对蟋蟀的住所观察得多么细致呀！我们也应该学习他这种认真的态度。

法布尔非常勤奋。他在87岁时，眼睛已老花，看不清东西，仍然坚持要写《昆虫记》第11卷。

法布尔92岁时逝世。他在即将离开人间的时候，说出了这样感人肺腑的话：“我要做的事还有很多很多！”

⑧ 我不能忘掉祖国

宋庆龄 15 岁那年被父母送到美国卫斯理女子学院留学。

宋庆龄是个文静、爱思考的女孩子。

有一次，班里要开展关于历史方面的讨论会。她认真地搜集资料，认真地思索，做了充分准备。

在讨论会上，一位美国学生站起来发言。他说："我认为，历史的发展是难以想象的，你们看，那些所谓的文明古国，特别是亚洲的中国，被历史淘汰了。人们的希望在欧洲、在美洲、在我们这里……"

坐在第一排的宋庆龄不以为然地摇了摇头，她眉头紧锁，耐心地听着美国同学的发言。

宋庆龄虽然对美国学生的发言不以为然，但依然耐心地听完，可见她很尊重别人。

那位同学刚讲完，宋庆龄就站了起

来。热闹的教室顿时变得安静起来，宋庆龄虽然有些激动，但是她仍然温文尔雅、声调柔和地说：“历史确实是在不断变化着的，但它永远属于亿万大众。具有五千年文明历史的中国，没有被淘汰，也不可能被淘汰。有人说中国像一头沉睡的狮子，但它决不会永远沉睡下去。总会有一天，它的吼声将震动全世界！因为它有广阔的土地、勤劳的人民、悠久的历史、富饶的物产，有革命的传统，更有无数革命志士，他们为了祖国的振兴进行着艰苦卓绝的斗争！”

这句话把当时的中国比喻成睡狮，非常贴切。当时的中国是积贫积弱的，没有真正地崛起。当这头“睡狮”醒来时，一定会震动全世界！

这时，教室里响起了雷鸣般的掌声，大家交口称赞：“说得好，以理服人。”“这些话多么有力量！”

有一次，一位同学问她：“亲爱的宋庆龄，我们女孩子年纪轻轻的，应该无忧无虑地尽情享乐，你为什么总是想着祖国啊、大众啊？你不觉得这是自寻烦恼吗？”

宋庆龄听了，眨了眨那宝石般明亮的大眼睛，抿着嘴笑了笑，说：“我自己觉得非常愉快。我不能忘掉祖国，我对祖国的未来充满了希望！一个人，如果真的忘记了祖国，那人生该是多么没有趣味呀！”

结合全文，相信你对这句话有了深刻的认识和体会，和同学交流一下吧！

（刘芳　改写）

阅读链接

宋庆龄（1893—1981），广东文昌（今属海南）人，中华人民共和国领导人，爱国主义、民主主义、国际主义、共产主义战士。她始终坚定地和中国人民、中国共产党站在一起，为中国人民的解放事业，为妇女儿童的卫生保健和文化教育福利事业，为祖国统一以及保卫世界和平、促进人类的进步事业做出了不可磨灭的贡献。

童年的回忆中，有小说里的英雄，有冬日里最爱的那架秋千……它们就像一朵朵盛开的花儿，留在我们记忆的深处。

让我们走进童年故事，去感受相似的纯真与希望。阅读这组文章时，要试着运用学到的方法理解难懂的句子。

1 温馨的歌

屠再华

我是喝古运河的水长大的。

古运河两岸的妈妈，吐一口软绵绵的吴语，无论是识字的，还是不识字的，对孩子唱起童谣来都没完没了。这些优美的童谣，打从牙牙学语开始，便成了孩子们的启蒙老师。

在我小时候，妈妈就抱着我头对头碾着唱："碾胡椒，碾花椒，三个铜板一大包！"逗得我咯咯地笑。不久，又唱着："丝姑摇摇头，一年健到头。"我也真的跟着妈妈摇头，还摇得挺开心！以后，妈妈又一边用腿夹住我，一边拉着我的手唱《摇船曲》了："叽里咕，嘭嘟当！

叽里咕，嘭啷当！娘舅载外甥，瓜子落花生。”我也就这样和妈妈手拉手，摇起船来。凭我的记忆，这些是妈妈教过的最早的，也是最简单的童谣。它充满了智慧和魅力，也饱含着妈妈对孩子们的爱！

我对数字的基本概念，也是从妈妈的童谣里学来的。妈妈同我边做游戏边唱：“一箩麦，二箩麦，三箩打荞麦，四箩打大麦。噼噼啪！噼噼啪！”然后由浅入深：“一吆，一只鸡；二吆，二只脚；三吆，三个铜板买来的；四吆，四川带来的；五吆，五颜六色的。”更有趣的是童谣《十稀奇》，妈妈没教几遍我就学会了：“一稀奇，麻雀啄雄鸡；二稀奇，蚱蜢追田鸡；三稀奇，三个姑娘长胡须；四稀奇，四只黄狗拜天地；五稀奇，猢狲(hú sūn)阿三烫粉皮；六稀奇，六十岁的公公困在摇篮里；七稀奇，七只老虎淹死在汤罐里；八稀奇，八仙桌子放在抽屉里；九稀奇，九个南瓜结在乌甏(bèng)里；十稀奇，十块大石头氽(tǔn)在太湖里。”

古运河两岸的妈妈，能见什么唱什么。每当夏夜纳凉时，我们孩子总是结伙着玩，一齐唱着妈妈教的童谣。一个个手提着用鸭蛋壳做成的灯，里边关着萤火虫，蹦蹦跳跳地唱着：“萤火虫，夜夜红。飞到西，飞到东！

飞到田里捉蚜虫，飞到地上吃胡葱。”有时候，我们还并排地坐在草地上，眼睛望着天上闪闪烁烁的星星，不约而同地唱起那首看起来很拗(ào)口，但唱起来很顺溜的童谣：“天上一颗星，地上一只钉，叮叮当当挂油瓶；油瓶漏，炒蚕豆，蚕豆焦，炒胡椒；胡椒辣，砌宝塔，宝塔尖，戳(chuō)破天；天上好落雨，地上好种田，三担白米好过年！”我的语言就是从妈妈的童谣中不断丰富起来的。

妈妈的歌，时时在唤起我的童年！我这片游子的云，始终维系在故土的童谣上。儿女们长大了，也要走向衰老。但妈妈的歌，永远活着！

日积月累

杨柳青

杨柳青，放风筝；
杨柳黄，踢毽忙；
杨柳落，抽陀螺。

（传统童谣）

② 我的童年（节选）

季羡林

我虽然对正课不感兴趣，但是也有我非常感兴趣的东西，那就是看小说。我叔父是古板人，把小说叫作“闲书”，闲书是不许我看的。在家里的时候，我书桌下面有一个盛（chéng）白面的大缸，上面盖着一个用高粱秆编成的“盖垫”。我坐在桌旁，桌上摆着“四书”，我看的却是《彭公案》《济公传》《西游记》《三国演义》等旧小说。《红楼梦》大概太深，我看不懂其中的奥妙，黛玉整天哭哭啼啼，为我所不喜，因此看不下去。其余的书都是看得津津有味。冷不防叔父走了进来，我就连忙掀起盖垫，把闲书往里一丢，嘴巴里念起“子曰”“诗云”来。

到了学校里，用不着防备什么，一放学，就是我的天下了。我往往躲到假山背后，或者一个盖房子的工地上，拿出闲书，狼吞虎咽似的大看起来。常常是忘记了时间，忘记了吃饭，有时候到了天黑，才摸回家去。我对小说中的绿（lù）林好汉非常熟悉，他们的姓名背得滚瓜烂熟，连他们用的兵器也如数家珍，比教科书熟悉多了，自己当然也希望成为那样的英雄。有一回，一个小朋友告诉我，把右手五个指头往大米缸里猛戳，一而再，再而三，一直到几百次，上千次。练上一段时间以后，再换上沙粒，用手猛戳，最终可以练成铁砂掌，五指一戳，能够戳断树木。我颇想有一个铁砂掌，信以为真，猛练起来，结果把指头戳破了，鲜血直流。知道自己与铁砂掌无缘，遂停止不练。

学习英文，也是从这时开始的。当时对我来说，外语是一种非常神奇的东西。我认为，方块字是天经地义，不用方块字，只弯弯曲曲像蚯蚓爬过的痕迹一样，居然能发出音来，还能有意思，简直是不可思议。越是神秘的东西，便越有吸引力。英文对于我就有极大的吸引力。我万没有想到望之如海市蜃(shèn)楼般的可望而不可即的东西竟然唾(tuò)手可得了。我现在已经记不清楚，学习的机会是怎么来的。大概是一位教员会点英文，他答应晚上教一点，可能还要收点学费。总之，一个业余英文学习班很快就组成了，参加的大概有十几个孩子。究竟学了多久，我已经记不清楚，时候好像不太长，学的东西也不太多，26个字母以后，学了一些单词。我当时有一个非常伤脑筋的问题：为什么“是”和“有”算是动词？它们一点也不动嘛。当时老师答不上来；到了中学，英文老师也答不上来。当年用“动词”来译英文的verb的人，大概不会想到他这个译名惹下的祸根吧。

每次回忆学习英文的情景时，我眼前总有一团零乱的花影，是绛紫色的芍药花。原来在校长办公室前的院子里有几个花畦（qí），春天一到，芍药盛开，都是绛紫色的花朵。白天走过那里，紫花绿叶，极为分明。到了晚上，英文课结束后，再走过那个院子，紫花与绿叶化成一个颜色，朦朦胧胧的一堆一团，因为有白天的印象，所以还知道它们的颜色。但夜晚眼前却只能看到花影，鼻子似乎有点花香而已。这一幅情景伴随了我一生，只要是一想起学习英文，这一幅美妙无比的情景就浮现到眼前来，带给我无限的幸福与快乐。

③ 男孩的童年

梅子涵

男孩的童年和女孩不太一样。

它是经常地拖着鼻涕和裤子没束牢。

它是端着假的冲锋枪冲啊，假的冲锋枪是装一节电池扣动了会发光的那种，甚至是一根木头一根竹子，和两只假装的手。

是扑逮蝴蝶和黄蜻蜓，红蜻蜓只看见过一次。

是夏天的时候斗蟋蟀，春天捉蝌蚪。

是等待过年，过年可以放爆竹，等到没有爆竹放了，年过完了，会有一丝惆怅。

是上学的路上跟人吵架，放学被留下来；前一天的作业没做好，放学又被留下来。

是没被选上中队长，小队长也没选上，傻兮(xī)兮地朝选上的人鼓掌，一点儿也不嫉妒。

是随便地在马路上走走，不买泡泡糖，不买橄榄，但会买一根冰棍，不是小气，是泡泡糖和橄榄有什么意思？

是穿上一件新衣服，先要弄弄皱，再走出去，最好谁也不要注意，否则真不好意思。

是在乒乓桌上拉弧旋球，一点不转，人家把球扣杀过来，又输掉一盘。

是那双脚，臭得要命，妈妈说，你不洗干净，别上床睡觉。

男孩的童年还是什么呢？男孩们都知道，如果你是男孩，那么你也知道。

阅读链接

梅子涵，儿童文学作家。他为儿童写了几十部书，如《女儿的故事》《戴小桥和他的哥们儿》等。梅子涵倡导儿童阅读，并为孩子们推荐优秀童书，为优秀儿童作品的传播做出了贡献。

4 冬日的秋千架

王朝群

冬天到来，在陕西关中，劳碌了一年的人们暂时收起农具，闲了下来。麦苗过冬，人也过冬。不见了广阔无垠的麦浪和满眼碧绿的青纱帐，田野凋(diāo)敝，风大了，农人心底的欢愉与喜悦却还在生长。

冬天是休闲的季节，村庄也欢悦了起来。他们从立冬起开始练锣鼓、扭秧歌，正月十五可是要上县城表演呢。于是，人人鼓足劲，个个情绪高昂，练累了要是呼呼呼的西北风正好来访，还会向阳而立吼上一段秦腔。不为别的，只为那声似裂帛(bó)、粗犷(guǎng)豪放的唱段能随风飘向远方。

这样的冬天只属于大人，孩子们的冬天一半在学校，另一半是要在秋千架上度过的。冬天的孩子就算穿上厚厚的棉衣，手脚也依然利索，他们是要在秋千架上大显身手的。要是秋千迟迟没有搭好，孩子们会灵机一动，先在锣鼓队和秧歌队里捣乱，还会拉住母亲要饭吃，扯住奶奶要回家。大人们无可奈何，觉得要安排好孩子才能练得尽兴，就在村口的麦场边尽快竖起高大的松木架。挑一根结实耐磨的麻花绳，固定两端，将长长的绳圈丢在木架间。

孩子们看见了，争先恐后地要试试，村主任一瞪眼："猴急啥？还要装脚踏的木板！"是呀，安全第一。孩子们只好耐着性子看着木匠锯好木板，打孔，用拇指粗的铁环和螺丝将绳和木板固定在一起，直到一架高大的秋千做成。

"荡秋千是要有秩序的，不能胡拉乱挤！"那是村主任说的。除了警示，村主任还把村里大大小小的孩子集合起来，指派一个机灵活泼的"猴子王"当队长。有队长维持秩序，每个孩子都欢喜，大人们就可以尽情排练去了。从此，秋千架下，高高低低的孩子们会排成一队，脖子一律向前抻(chēn)去，眼睛都长在秋千上，心也随秋千飞荡了起来。

上秋千前先要做好准备工作，比如：绑紧鞋带，系好纽扣。要是男孩子，还要挽起袖子朝手心吐口水，搓一搓双手才上秋千。上了秋千的孩子和平日是不一样的，除了使出力气借助双腿蹬伸、双臂拉撑，丰富的表情也会让人忍俊不禁。有的紧闭嘴唇，瞪圆双眼；有的仰起头，嘴里嘿哈有声；有的闭上双眼嘴角上翘，悠然自得；有的满脸通红，鼓圆腮帮运气。他们要是能博得阵阵喝彩声，就会得到无限的欢喜。往往是秋千架上的专注，秋千架下的除了欢呼、做鬼脸，还会迫不及待地指挥和催促，那欢乐就多了起来，嬉闹声响彻村庄。有技术高的荡过了横梁，那是很危险的，也就等于是撞上了红线，是要被队长喊停的。杀鸡吓猴，后面的即使有荡过横梁的本领也都十分小心了，只为能多荡一会儿。

有秋千就有了执着，周日里秋千架才真正不寂寞。清晨开始，孩子们结伴而来，秋千也就飞荡不停辍(chuò)，直到夜色如墨，母亲们呼儿唤女声此起彼伏地飘到秋千架上来，孩子们才会依依不舍地离开。

最有诗意的时候是落雪的日子，雪纷纷扬扬地下，孩子们还在秋千上。远山近野银装素裹，秋千架下，孩子们还是雀儿一般的欢笑。

最激动人心的时刻是有大人来挑战。大人开始是藐(miǎo)视孩子的。可是那些被推选出来的孩子一上场，那轻巧的动作、令人眼花缭乱的姿势，就会让大人们心服口服。记得有个荡秋千能手，长大后把生意做到了泰国、缅甸。人们记不住他的大名，只说东村的“红鼻子”，大家就都知道了。“红鼻子”爱荡秋千，冬天他的鼻头总是红红的，他荡秋千因能做别人做不了的动作而闻名乡里。

冬日的秋千架其实都是记忆了，村里的年轻人都进城打工去了，在城里立住脚后把孩子也都带走了。带走了孩子就带走了乡村的欢乐时光。

冬日的黄土高原，天空碧蓝，阳光耀眼。穿着花花绿绿的孩子们和高大的秋千架点缀了生活，也点缀了天幕下的村庄，欢声笑语会沸腾整个冬天。

可那都是久远的记忆了！

阅读实践

活动一

每个人都有难忘的童年。童年的故事妙趣横生，充满了笑语欢歌……阅读本组四篇文章，从文中分别找出一些难懂的句子，记录在下面的表格中，说一说你是运用什么方法来理解这些句子的。

文章题目	难懂的句子	理解句子的方法
《温馨的歌》		
《我的童年（节选）》		
《男孩的童年》		
《冬日的秋千架》		

活动二

童年是梦中的真，是真中的梦，是回忆时含泪的微笑……对比着读一读《我的童年（节选）》和《男孩的童年》这两篇文章，试着分别用几个关键词提炼出文中人物的特点。

活动三

童年的记忆五彩缤纷，是妈妈充满智慧和魅力的歌，是冬日的秋千架……你的童年都有哪些值得回忆的事情，选择你印象最深刻的几件事记录下来，可以是几句话，也可以是几张照片。

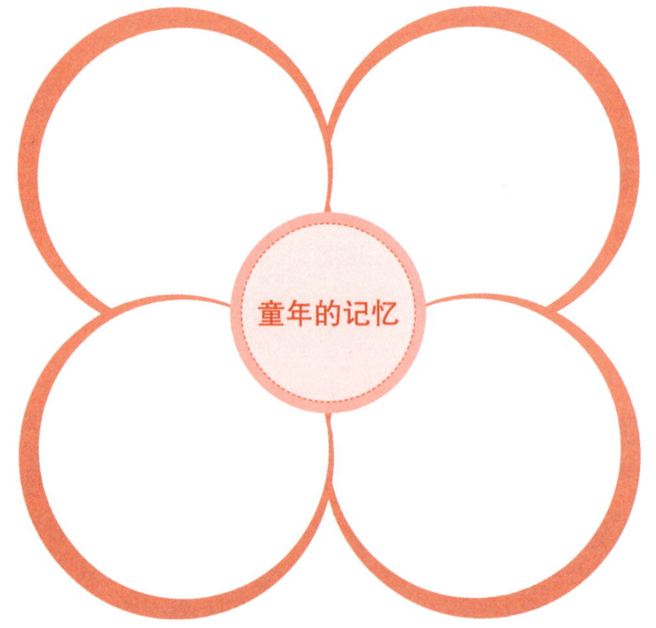

自由阅读

1 雪地贺卡

鲍尔吉·原野

今年沈阳的雪下得大，埋没膝盖，到处有胖乎乎的雪人。

下班时，路过院里的雪人，我发现一个奇怪的迹象：雪人的颏（kē）下似有一张纸片。我这人好奇心重，仔细看，像是贺卡，插在雪人怀里。

通过贺卡的内容，就可以猜想出写贺卡的人是一个稚气未脱的孩子。后面的“歪歪扭扭”一词更证实了这一点。

抽出来，果然是贺卡，画面是一个满脸雀斑的男孩，穿着成人的牛仔装，在抹鼻涕。里面有字，歪歪扭扭，是小孩写的。

雪人：

你又白又胖，橘子皮嘴唇真好看。你一定不怕冷，半夜里自己害怕吗？饿了就吃雪吧。咱俩做个好朋友！

祝愿：新年快乐！心想事成！

沈阳岐山三校二年级四班　李小屹

我寄出也接受过一些贺卡，这张却让人心动。我有点嫉妒雪人，能收到李小屹这么诚挚的关爱。

“嫉妒”本来是贬义词，在文中贬义的色彩消失，反而突出了“我”对人与人之间感情的珍惜。

我把贺卡放回雪人的襟怀，只露一点小角。回到家，放不下这件事，给李小屹写了一张贺卡，以雪人的名义。我不知这样做对不对，希望不致伤害孩子的感情。

李小屹：

真高兴得到你的贺卡，在无数个冬天里面，从来都没人送给我贺卡。你是我的好朋友！

祝愿：获得双百！永远快乐！

岐山中路10号三单元门前　雪人

我寄了出去，几天里，我时不时看一眼雪人，李小屹是否会来？认识一下也很好。第三天，我看见雪人肩膀又插上了一张贺卡，忙抽出来读。

雪人：

我收到你的贺卡高兴得跳了起来，咱们不是已经实现神话了吗？但我的同学说这是假的。是假的吗？我爸说这是大人写的。我也觉得你不会写贺卡，大人是谁？十万火急！告诉我！（15个惊叹号）你如果不方便，也可通知我同学：王洋 电话 621××10，张弩电话 684××77。

祝愿：万事如意！心想事成！

李小屹

我把贺卡放回去，生出别样心情。李小屹是个相信神话的孩子，多么幸福，我也有过这样的年月。在这场游戏中，我应该小心而且罢手了。尽管李小屹焦急地期待回音。

就在昨天，星期日的下午，雪人前站着一个女孩，背对着我家的窗。她装束臃(yōng)肿，胳膊都放不下来了。这必是李小屹。她痴痴地站在雪人边上，不时捧雪拍在它身上。雪人橘子皮嘴唇依然鲜艳。

“痴痴”一词表明李小屹非常想知道是谁给她回的贺卡，是雪人还是其他人。

我不忍心让李小屹就这么盼望着，像骗了她。但我更不忍心破坏她的梦。不妨让她惊讶着，甚至长成大人后跟自己的朋友讲这张贺卡的奇遇。

一个带有秘密的童年是多么的幸福。

“不忍心……更不忍心……”强调的是后面一个“不忍心”，“我”想让李小屹保留她童年的这个梦，让她的童年更丰富多彩。明白了作者的不忍心，相信你也就理解了“一个带有秘密的童年是多么的幸福”这句话。

② 鱼鳞瓦

肖复兴

老北京的房顶铺的都是鱼鳞瓦，灰色，和故宫里的碧瓦琉璃形成色彩鲜明的对比。虽不如碧瓦琉璃那般炫目，那般高高在上，但满城沉沉的灰色，低矮着，沉默着，无语沧桑，力量沉稳，秤砣(tuó)一般压住了北京城，气魄如云雾天里翻涌的海浪一样。难怪贝聿(yù)铭先生那时来北京，特别愿意到景山顶上看北京城这些灰色的鱼鳞瓦顶。

在我的童年，即20世纪50年代，北京的天际线很低，基本上被这些起伏的鱼鳞瓦顶所勾勒。因为那时候成片成片的四合院还在，而且占据了城市的空间。想贝聿铭先生看见这样的情景，一定会觉得这才是老北京，是世界上任何一座城市都没有的色彩和力量吧？

联系上文想一想：为什么说世界上任何一座城市都没有老北京的色彩和力量呢？

想想，真的很有意思，那时候，四合院平房没有如今楼房的阳台或露台，鱼鳞状的灰瓦顶，就是各家的阳台和露台，晒的萝卜干、茄子干或白薯干，都会扔在那上面；五月端午节，艾蒿(hāo)和蒲剑要插在门上，也要扔到房顶，图个吉利；谁家刚生小孩子，老人讲究要用葱打小孩子的屁股，取葱的谐音，说是打打聪明，打完之后，还要把葱扔到房顶，这到底是什么讲究，我就弄不明白了。

对于我们许多孩子而言，鱼鳞瓦的房顶，就是我们的乐园。老北京有句俗话，叫作“三天不打，上房揭瓦”，说的就是那时我们这样的小孩子，淘气得要命，动不动就爬到房顶上揭瓦玩，这是那时司空见惯的儿童游戏。我相信，老北京的小孩子，没有一个没干过上房揭瓦这样调皮的事。

那时，我刚上小学，开始跟着大哥哥大姐姐们一起上房揭瓦。我们住的四合院的东跨院，有一个公共厕所，厕所的后山墙不高，我们就从那里爬上房顶，弓着腰，猫似的在房顶上四处乱窜，故意踩得瓦噼啪直响。常常会有邻居大妈大婶从屋里跑出来，指着房顶大骂：“哪个小兔崽(zǎi)子，把房踩漏了，留神我拿鞋底子抽你！”她们骂我们的时候，我们早都踩着鱼鳞瓦跑远，跳到另一个房顶上了。

鱼鳞瓦真的很结实，任我们成天踩在上面那么疯跑，就是一点儿也不坏。单个儿看，每片瓦都不厚，一踩会裂，甚至碎，但一片片的瓦铺在一起，铺成了一面坡房顶，就那么结实。它们是一片瓦压在一片瓦的上面，中间并没有泥粘连，像一只小手和另一只小手握在了一起，可以有那么大的力量，也真是怪事，常让那时的我好奇而百思不解。漫长的日子过去之后，大院里有的老房漏雨，房顶的鱼鳞瓦换成波浪状的石棉瓦或油毡(zhān)和沥青抹的一整块坡顶，说实在的，都赶不上鱼鳞瓦，不仅质量不如，一下大雨接着漏，也不如鱼鳞瓦好看。少了鱼鳞瓦的房顶，就如同人的头顶斑秃一般，即使戴上颜色鲜艳的新式帽子，也不是那么回事了。

比喻句形象地描绘了鱼鳞瓦的铺设方式。

和鱼鳞瓦对比，突出了作者对鱼鳞瓦的钟爱。

前些天，路过童年住过的那条老街，正赶上那里拆迁，从房顶上卸(xiè)下来的鱼鳞瓦装满了一汽车的挎斗，它们一层层，整整齐齐地码在车上，也呈鱼鳞状。那可都是清朝时候就有的鱼鳞瓦呀，经历了一百多年的雨雪风霜，还是那样结实，那样好看。又有谁知道，在那些鱼鳞瓦上，曾经上演过那么多童年的游戏呢！

“鱼鳞瓦”是童年欢乐时光的象征。

阅读链接

屋瓦，是铺在屋顶的一种建筑材料，一般用泥土烧制而成，也有用水泥等材料制成的。屋瓦有防止屋顶漏雨的作用，还有防晒隔热的作用，可以防止太阳热量过多地传到屋内。

3 沙　滩

顾　城

我在沙滩上玩
用沙子修城
用石子铺院
让那些乱飞的小树叶
通通住在这里边

我去吃饭了
海风把它吹坏了

我在沙滩上玩
用螺蛳当宝塔
用贝壳作瓦片
让那些害羞的小花瓣
全都藏在屋里边

我去睡觉了
海潮把它偷走了

（我和妈妈说
妈妈再也不许我去海边）

沙滩是孩子们的乐园。在这里，你可以修城、铺院、建宝塔，还有许多精彩的故事，在你的想象中演了一遍又一遍。

④ 我是一只海船

鲁　兵

早晨有雾，很浓很浓。

我在田野里走着，像在航海。

我是一只海船啊！叫什么名字呢？——就叫“冰儿号”吧。

我是眉毛浓黑的船长，又是胳膊粗壮的水手。有几千万小旅客，在我的心里，不，在这只海船上。

小心，小心！前面有礁岩了。

小心，小心！飓风卷着大浪扑来了。

宽阔的海，叫人迷路的海，到处埋伏着摧残和陷害的海！但是，我要走完这段航程。

看，大陆的影子出现了！

我用双手做成一副望远镜，凑在眼睛上，是的，是的，大陆近了！

“呜呜——呜呜——”

我鼓着腮帮呼叫，把自己停泊在阳光的岸边。

这里，树木，麦田，远山，都非常明亮。

⑤ 热乎乎的鸡蛋

金　波

忘记了听谁说，小孩子吃了刚下的鸡蛋就会长胖。

那时候我真傻，竟相信这样的话。

于是，当邻居的老母鸡还在“咕咕哒”“咕咕哒”地叫着的时候，我就从它的身边掏走了它的蛋。

啊！热乎乎的鸡蛋！

我磕开一个小口儿，和几个小伙伴津津有味地吸吮着、吸吮着。你看着我，我看着你，好像我们在一刹那间都长胖了。

我们又跑又跳，又喊又叫。那只老母鸡用奇怪的目光望着我们。

第二天，当那只老母鸡又“咕咕哒”“咕咕哒”地叫起来的时候，妈妈却捧出来一个鸡蛋，让我给邻居的老母鸡送去。

我是个聪明的孩子，从妈妈的目光里，我已经知道了该怎么做。

我无言地向老母鸡走去。我想：难道是它告了我的状？

我望一眼老母鸡，它卧在那儿，仍用奇怪的目光望着我。

真的是老母鸡告的状吗？

日积月累

鸡毛撞钟钟不响：比喻以小击大，或人微言轻。

鸡司晨，犬守夜：比喻各司其职，各尽所能。

鸡飞蛋打一场空：比喻两头落空或彻底失败。

鸡大飞不过墙：比喻办事要客观，不要去做超出自己能力的事。

《大林和小林》

张天翼

阅读是一场美妙的旅行，书就像一艘神奇的船，能把我们带到遥远的天海之际。著名诗人臧克家曾说过：“读一本好书，就像交了一位益友。”《大林和小林》就是这样一位不可多得的益友，它用天马行空的想象、荒诞不经的情节，描绘了一个个光怪陆离的有趣故事，刻画了一个个活泼生动的人物形象，让我们体验到了想象的神奇，并且给了我们许多启迪，更让我们感受到了童话背后蕴含的深刻道理。

这是一部值得你一读再读的经典童话，期待你用心去品读它、欣赏它，并与它成为真正的挚友。

内容梗概

大林和小林是一对亲兄弟，他们的父母因贫苦而早早死去，两兄弟只好外出谋生，后来兄弟两人失散。小林在资本家四四格的工厂里做童工，饱受欺凌和虐待。为了改变命运，小林奋起反抗，最后当上火车司机。大林被富翁叭哈收养，天天好吃懒做，养尊处优，在200个仆人的伺候下，变得肥胖无比，在跟蔷薇公主坐火车去海滨的路上，与火车司机小林相遇，可是他们乘坐的火车被怪物推进了大海里。大林被鲸鱼吞进了肚子，后来又来到富翁岛上……大林和小林能重逢吗？他们究竟谁能获得真正的快乐呢？

作者简介

张天翼，中国著名小说家、儿童文学作家。代表作有童话《大林和小林》《宝葫芦的秘密》《秃秃大王》，小说《华威先生》《鬼土日记》等。他的作品多以嘲讽、幽默为主基调，想象丰富，情节离奇，极富艺术感染力，在中国儿童文学史上具有重要地位，成为许多孩子记忆中的经典。《秃秃大王》和《大林和小林》被誉为继叶圣陶《稻草人》之后中国童话史上的第二个里程碑。

两种赛跑

到了开运动会的那一天了。

运动会场里非常热闹，有许多许多人来看。

…………

这次赛跑是五米赛跑。参加赛跑的一共有三个：一个是唧唧，一个是乌龟，还有一个是蜗牛。

一，二，三！唧唧、乌龟、蜗牛就拼命跑了起来。

叭哈在旁边拍手：“唧唧，快赶上去呀，快赶上去呀！”

包包也叫："快跑呀，快跑呀！唧唧少爷加油呀！抢第一呀！"

另外有人喊着："乌龟赶上去了！"

运动会场里的人都拍起手来，都叫起来。

"已经跑了一米了！赶快呀，赶快呀！"

"跑呀，加油呀！"

乌龟伸长了脖子，拼命地爬，背壳上油亮亮的，好像出了汗似的。唧唧用了全身的力，想要赶到乌龟前面去，他张着嘴，又重又厚的下巴肉就挂了下来，一晃一晃的。蜗牛也非常努力，把两根触角伸得长长的，用劲地往前面奔。

所有的观众都拥来看这五米赛跑。大家都拍着手叫着。跑了三个半钟头之后，大家叫得更厉害了。

"只有一米了！只有一米了！"

"蜗牛快赶上去呀！"

"唧唧，努力呀，努力呀！"

"乌龟别放松呀，拼命呀，拼命呀！"

"用力跑呀，努力呀，跑第一呀！"

蔷薇公主也叫道："唧唧唧唧唧快跑，跑！跑！跑跑跑跑跑跑跑跑跑……"

蔷薇公主叫得透不过气来，就昏倒了。包包马上去请来了十位医生，才把蔷薇公主救醒过来。蔷薇公主一醒来就又叫道："唧唧唧快快快……"

叭哈和包包也拼命拍着手，叫唧唧快跑。

国王又是笑，又是叫："唧唧一定第一！唧唧一定第一！"

亲王坐在国王的旁边。亲王拍着手，不小心扯住了国王的胡子，国王就哭了。亲王说："你真爱哭！"

"我的尊严被触犯了，我怎么能不伤心！"

可是一会儿，国王把眼泪揩干又叫起来："唧唧起码第二，起码第二！"

又跑了两个钟头，跑到了。大家拍手拍得更响了。看赛跑的人太多了，看不明白谁跑第一。

"谁呀！"

等了一下，有人挂出一块牌子来，牌子上写着：

五米赛跑：

第一——乌龟

第二——蜗牛

第三——唧唧

一共跑了五小时又三十分，破全世界纪录!!

大家又大叫起来，拍着手。

国王叫道：“唧唧是第三呀，真不错呀！”

叭哈高兴得要把唧唧搂起来，可是搂不起，两个人的肚子都太大了。

“唧唧，我更爱你了，”叭哈说，“你跑第三，真不错。”

有许多人跑来给唧唧庆贺。蔷薇公主对唧唧说：“唧唧跑跑跑跑跑第三，唧唧我我我真爱，爱！爱！爱爱爱……”

蔷薇公主又昏过去了。那些医生赶紧把蔷薇公主救醒，蔷薇公主才把刚才那句话说完：“爱爱爱，爱！爱！爱你呀！”

唧唧对蔷薇公主说：“你真美，连鳄鱼小姐也比不上你。”

叭哈先生说：“你就同蔷薇公主订婚吧。”

大家叫道：“恭喜！恭喜！唧唧和蔷薇公主订婚了！”

包包说：“我用大臣的资格，来恭贺唧唧少爷和蔷薇公主订婚。”

国王拍拍唧唧的肩膀道：“你真是我的好女婿。你又漂亮，又胖，功课又好，又会赛跑，又是大富翁。”

蔷薇公主微笑起来——她向来很庄严，老是绷着个脸，可是这会儿她也微笑起来了——说道：“我我我真快快快，快！快！快乐呀！”

可是红鼻头王子忽然哭了：“你们大家都有人爱。可是我没有人爱。”

“红鼻头王子呀，我爱你！”

谁在说话呀？大家一看，原来是鳄鱼小姐。

王子大叫起来：“不用爱了！不用爱了！”说了赶紧就溜。

鳄鱼小姐赶紧就追。她一面拿出小镜子照着自己的脸扑粉，一面说：“不管三七二十一，我是要爱你的！”

王子一面逃，一面哭着问道：“即使是七九六十三，你也非爱我不可吗？”

“哪怕八九七十二，我也得爱你！”

王子哭道：“那真没有办法！”

王子就跑得更快了。鳄鱼小姐也追得更加起劲了。运动会场的人都拍着手叫起来：“快跑呀，看是谁跑第一呀！”

“红鼻头王子呀，”鳄鱼小姐说，“你好好想一想吧！你无论跑到哪里，我总是要追你的。你还不如爱了我倒省事些。”

王子喘着气答道：“真不好办！那么我现在跟你约定一句话吧：你要是追上了我，我就爱你。”

鳄鱼小姐高兴极了，就跑得更快了。王子跑得疲倦起来，跑不动了。啊呀，快要追到了！

“快跑呀，快跑呀！”大家叫。

可是鳄鱼小姐离王子只有两步了。鳄鱼小姐拼命向前面一跳，就追上了王子。鳄鱼小姐对王子说：“怎么样？你服输了没有？”

王子流下了眼泪，叹一口长气：“唉，真是没有办法。算我倒霉。”

皮皮劝王子：“你就和鳄鱼小姐订婚吧。她其实也是个贵族出身呢。陪嫁也很不错。”

大家又拍手，叫起来道：“今天真是好日子，又开运动会，又有四个人订婚。”

叭哈非常快活，老是张开两片厚嘴唇笑着。可是叭哈同唧唧回家之后，吉士很慌张地对叭哈说：“叭哈先生，不好了，四四格先生被人打死了！第二四四格也被人打死了！”

叭哈大吃一惊:“哎呀，怎么回事？凶手抓到没有？怪物为什么不去抓人呢！”

“怪物去抓人来的，抓了几个吃了。还有许多凶手跑掉了。这可真是不幸！可是不要紧，四四格还有的是。现在咕噜公司还是好好的。第三四四格在那里管理咕噜公司呢。”

过了几天，叭哈同几个朋友开了一个追悼会，追悼第一四四格和第二四四格。唧唧也到了追悼会，唧唧还演讲呢——当然是听差们代替他讲，讲完之后，唧唧对听差们打了一个手势，意思是说:“我要哭了。”

听差们就把唧唧的嘴扳开，让唧唧哭了一场。大家也都哭了起来。后来叭哈一声号令:“一二三！止哀！”大家才擦干了眼泪回家。

到了过年的时候，王子和鳄鱼小姐结婚了。叭哈和唧唧去吃了喜酒。鳄鱼小姐结婚之后很快活，可是王子不大快活。鳄鱼小姐是在皮皮公司当经理的，很有钱，鳄鱼小姐把她的钱分一半给了王子，王子这才高兴起来。

寒假完了，皇家小学校开学了。唧唧就像从前一样，每天去上一堂课。小林写了一封信给哥哥，正是那个时候。可是唧唧没有收到小林的信。

阅读小贴士

神奇的想象，夸张的情节，生动的人物，让这部童话妙趣横生。阅读的时候，要张开想象的翅膀，把自己当成书中的人物，大胆想象：如果是你，你会怎么做？

大林和小林遇到了许多有趣的人，也经历了很多不同的事。阅读的时候，每读到一个主要人物就圈出来，用自己的话讲讲这个人物的故事，并说说你从中学到的道理。可以一边猜测一边对他们的经历进行比较，还可以结合人物的外貌、性格特点等来把握书中人物，这样你会有更多精彩的发现！

我伴你读

请按照下面的阅读计划认真读书。每天按时完成阅读能得一颗星；如果能在书上批注，写下自己的感受，就会得两颗星；如果还能把自己的阅读所得和同学交流，就能得三颗星哟。

时间	阅读内容	阅读评价
第一天	《出门遇险》《国王的法律》	☆☆☆
第二天	《拍卖》《足刑》	☆☆☆

（续表）

时间	阅读内容	阅读评价
第三天	《小林的力气》《到了中麦伯伯那里》	☆☆☆
第四天	《小林给大林的一封信》《美丽的天使》	☆☆☆
第五天	《天使给叭哈的幸福》《叭哈的家里》	☆☆☆
第六天	《大宴会》《皇家小学校》	☆☆☆
第七天	《两种赛跑》《不幸的事》	☆☆☆
第八天	《火车司机》《海》	☆☆☆
第九天	《“我真想吃！”》《富翁岛》	☆☆☆
第十天	《乔乔和小林的消息》	☆☆☆

大林和小林失散后，小林在四四格的工厂过着怎样的生活？大林去了哪里？过着怎样的生活？请根据提示完成下图，相信你会对人物有更深的感受。

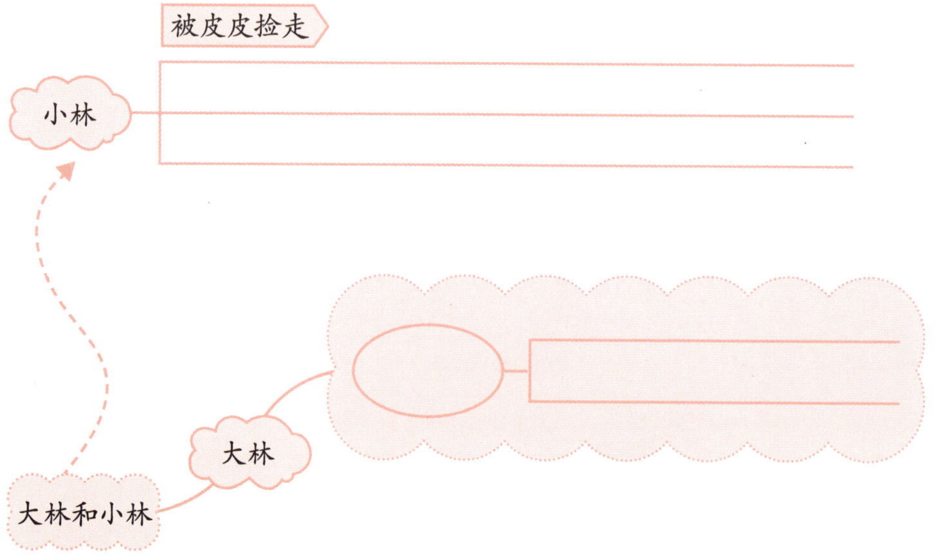

敬启

为编好这本书，我们与收入本书的作品（含图片）作者进行了广泛联系，得到了各位作者的大力支持。在此，我们表示衷心的感谢。但是，由于个别作者地址不详，虽经多方努力，仍无法取得联系。敬请各位有著作权的作者尽快与我们联系，以便我们支付稿酬，并致谢忱！

我们还要感谢使用本书的师生们。希望你们在使用本书的过程中，能够及时把意见和建议反馈给我们，对此，我们深表谢意，并将给予一定奖励。让我们携起手来，共同完成本书的建设工作。

联 系 人：梁老师　刘老师

联系电话：010-58022100-6362

联系邮箱：ztxx2008@sina.com

网　　址：http://www.ywztxx.com

地　　址：北京市海淀区知春路7号致真大厦A座18层

图书在版编目（CIP）数据

多彩童年 / 崔峦主编. — 上海：上海教育出版社，2021.12

ISBN 978-7-5720-0808-5

Ⅰ. ①多… Ⅱ. ①崔… Ⅲ. ①阅读课—小学—教学参考资料 Ⅳ. ①G624.233

中国版本图书馆CIP数据核字（2021）第260856号

责任编辑　吴廷廷
封面设计　陈丽娟　王艺霖
著作权人　北京华樾教育科技有限公司

多彩童年

崔峦　主编

出版发行　上海教育出版社有限公司
官　　网　www.seph.com.cn
地　　址　上海市闵行区号景路159弄C座
邮　　编　201101
印　　刷　肥城新华印刷有限公司
开　　本　720×1010　1/16　印张 36
字　　数　400千字
版　　次　2021年12月第1版
印　　次　2021年12月第1次印刷
书　　号　ISBN 978-7-5720-0808-5/G·0624
定　　价　168.00元（全四册）

如发现质量问题，请向本社调换　　021-64373213